ROLAND PÖLLNITZ
EINE FRAGE DES GLAUBENS

AF218955

Das Buch

Am 18. Oktober 2019 fand in New York eine umfangreiche Pandemie-Simulation mit dem Namen »Event 201« statt, welche aus heutiger Sicht einige Fragen aufwirft. Im August 2019 begannen die Dreharbeiten zur ZDF Serie Sløborn mit einem Plot, der wie von Covid-19 inspiriert scheint. Doch erst 2020 erfand die WHO eine Pandemie, in der in zwei Jahren 5 Prozent der Weltbevölkerung positiv getestet wurden und 0,07 Prozent der Menschheit verstarben. Das sind weniger als sonst an einem Tag versterben. Doch hier geht es nicht um Wissenschaft. Der Dichter beschreibt seine eigenen Gedanken und Erfahrungen mit dem Pandemie-Geschehen in Deutschland, teils traurig, teils heiter, teils enttäuscht, teils wütend, teils ironisch, teils sarkastisch, teils resignierend und teils optimistisch. Er zeigt, wie sich das Denken und Handeln der Menschen in den zwei Jahren der Angst verändert hat. Ein gesunder Mensch mit einem gesunden Menschenverstand ist von der Politik und der Mehrheit nicht mehr erwünscht. Ein Buch voller Menschlichkeit, das viele Fragen aufwirft. Und jeder Leser darf sich seine eigenen Antworten dazu geben.

Der Autor

Roland Pöllnitz, Jahrgang 1958, hat es geschafft. Ein Drittel seines Lebens hat sich der Autor der Poesie verschrieben, das zweite Drittel dem Reisen und dem Ganzen der Liebe. Rastlos trieb es ihn vorwärts, vielseitig waren die Erfahrungen als Bauer, Bauarbeiter, Brauer, Designer, Fotograf, Gärtner, Gleisarbeiter, Programmierer, Ingenieur, Techniker, Unternehmer, Wirt, Ehemann, Vater und Großvater und gesunder Mensch mit einem gesunden Verstand. Was Wunder, dass auch das Leben an sich Dreh- und Angelpunkt seines literarischen Schaffens ist.

Roland Pöllnitz

Eine Frage

des

Glaubens

1. Auflage 2022
© Roland Pöllnitz
© Umschlaggestaltung: Roland Pöllnitz
© Fotos Roland Pöllnitz
Herstellung und Verlag: BoD – Books on Demand, Norderstedt
ISBN 9783754377802

Hausarrest

Ich hab ein Leben lang gemusst,
dann wollt ich nicht mehr müssen.
Nun spürte ich die große Lust
zu eignen Genüssen.
Gewalt ist Zwang und der ist schlecht,
wer gibt den Oberen das Recht?

Ich soll und muss? Doch will ich mich
für andre nicht verbiegen,
die Rechte dienen grundsätzlich
der Herrschaft zum Vergnügen.
Gewalt ist Zwang und der ist schlecht,
wer gibt den Oberen das Recht?

Der Staat, der mir die Freiheit nimmt,
ist Büttel großer Banken,
da wird nicht drüber abgestimmt,
er selbst bestimmt die Schranken.
Gewalt ist Zwang und der ist schlecht,
wer gibt den Oberen das Recht?

Doch kommt die Wahrheit einmal raus,
dann werden wir begreifen,
die Sonne atmet nicht im Haus,
und wir in Freiheit schweifen.
Gewalt ist Zwang und der ist schlecht,
wer gibt den Oberen das Recht?

Der Untertan

Der Untertan, der Untertan
schluckt brav den fiesen Lebertran,
den ihm der König ausgeschenkt,
weil der ja seine Schritte lenkt.

Der Untertan, der Untertan
ist doch ein kleiner Dummerjan,
er glaubt, der König hat stets recht,
drum bleibt der Untertan sein Knecht.

Der Untertan, der Untertan
glaubt an den bösen Hexenwahn,
der König sagt: du gehst nicht aus,
da bleibt der Untertan im Haus.

Der Untertan, der Untertan
scheißt gerne andre Leute an,
bis plötzlich fort sind eins, zwei drei,
so funktioniert die Tyrannei.

Angst

Hast du Angst vor dem Unbekannten,
befürchtest du den Tod?
Es führt doch in den meisten Fällen
ein Weg aus dieser Not.

Hast du Angst vor verschmähter Liebe,
dann denke stets daran,
wer Liebe gibt, der wird auch ernten
das große Glück sodann.

Hast du Angst vor den Katastrophen,
dem Ende dieser Welt,
dann denk daran, nach jeder Nacht
ein neuer Tag sich hellt.

Hast du Angst vor den bösen Menschen,
dann such die Guten auf,
sie sind fürwahr die große Mehrheit,
das zeigt der Lebenslauf.

Hast du Angst vor den kleinen Tieren
mit Beinen mehr als zwei,
dann lächle und du wirst begreifen,
die Welt ist sorgenfrei.

Hast du Angst vor dem eignen Mute,
probier ihn einfach aus,
und wenn du dir dann selbst bewusst bist,
bist du in dir zuhaus.

Von alten und neuen Menschen

Die Menschheit krankt an einem Irrtum,
sie macht sich gern an Dingen reich,
so führt sie selbst ein Narrenleben,
versklavt sich selber allzu gleich.

Sie macht sich um die Zukunft Sorgen
und lebt nicht in den Tag hinein,
sie sucht im Außen, nicht im Innen,
und kann so nie im Frieden sein.

Sie liebt nicht, darum muss sie kämpfen,
ihr Leben ist schon längst bankrott,
sie lügt, sie wählt, sie kriecht, sie schmeichelt,
und was sie sagt, das ist oft Schrott.

Sie macht sich krank mit solchem Handeln,
sie schenkt sich selber Sklaverei,
das Göttliche ist längst vergessen,
Herr Nimmerrast ist nimmer frei.

Wer will, kann seine Zeit erschlagen,
Verzweiflung köpft die Ewigkeit,
wer selbst nicht denkt, lässt sich bedenken,
Verzweiflung macht sich schneller breit.

Die neuen Menschen werden leben,
sie sind sich ihrer Kraft bewusst
und haben so viel Selbstvertrauen
und noch viel größ're Lebenslust.

Mut tut gut

Manchmal zwingen uns die Götter
streng zu einer Einkehrzeit,
auch wenn wir nicht wirklich wollen,
fordern sie mehr Achtsamkeit.

Lange sind wir erdentfremdet,
unsres Daseins kaum bewusst,
und wir werden fremd gesteuert,
dienen ohne Lebenslust.

Spüren wir noch die Visionen,
unsre wahre Leidenschaft,
können wir die Welt verändern,
denn wir haben so viel Kraft.

Diese Kräfte von Milliarden
fürchtet diese reiche Brut,
wenn wir nur zusammenhalten,
Mut tut unsrer Menschheit gut.

Vorsicht Virus

Bei Hamsterkäufen kommt es vor,
da trifft man auf sehr viele Leute,
und manche haben Viren heute,
so trag dein Hamstern mit Humor.

Du gehst zur Bundesliga hin
und jubelst zu dem Torejäger,
um dich herum nur Virenträger,
so macht das Leben Spaß und Sinn.

Soldaten üben wieder Krieg
und noch viel mehr das Blutvergießen,
derweil ganz munter Viren sprießen,
der Tod allein erringt den Sieg.

Im Bundestag sitzt man herum
und will die schönsten Reden reden,
die Viren stürzen sich auf jeden,
wenn sie erst im Delirium.

Gedankendurcheinander

Den Frieden wahren
in einer Zeit,
wo Andersdenkende
mundtot gemacht werden,
ist schwer.

Den Frieden wahren
in einer Zeit,
in der Verfassungen
außer Kraft gesetzt werden,
ist schwer.

Den Frieden wahren
in einer Zeit,
in der die Lüge groß ist
und die Wahrheit klein,
ist schwer.

Den Frieden wahren
in einer Zeit,
wo große Ängste
bewusst geschürt werden,
ist schwer.

Den Frieden wahren
in einer Zeit,
wo das Leben einzig
von der Liebe bestimmt wird,
ist leicht.

Verrückte Welt

Es ist, als sei die Welt verrückt,
ich hör nur über eines reden,
als ob es gar nichts andres gibt
in unserm schönen Erdenleben.

Wie komm ich aus der Falle raus?
Ich muss wohl aus der Welt entfliehen
und in mich gehen, in mein Herz,
das Schöne dabei einbeziehen.

Das Leben ist doch nicht nur Leid!
Ich werde das, was ich verzehre.
Wer Gutes denkt, der Gutes tut,
so lautet eine alte Lehre.

Die Ängste machen Menschen krank,
sie denken immerzu ans Leiden,
und steht der Tod erst vor der Tür,
kann man die Freiheit auch beschneiden.

Von den Irren

Ja, sie glauben, weil das Undenkbare
sich entwickelt ganz in ihrem Sinn,
und das Verrückte, das sie so erwarten,
kommt gern an und geht so hin.

Weiß ich denn, wenn ich ans Fenster trete,
ob mir alles gut?
Ob der Mond scheint, ob ich Herzens bete,
ob die Seele ausgeruht,

Wenn ich tot bin, schwebe ich als Tänzer,
und ein Irrer plötzlich lauthals schreit,
die Säle sehen ihre Tänzer schweben,
in ein wunderbaren Zeit.

Weh mir, wo nehme ich dir Irren,
was bleibt von dieser wunderbaren Zeit,
der Frühling schenkt uns bunte Blumen
und ganz viel holde Herzlichkeit.

Über die Freiheit der Gedanken

Wie frei ist denn unser Denken,
denken wir, was Papa denkt,
oder was die Mama sagt uns,
wenn sie unsre Schritte lenkt?

Wie frei ist denn unser Denken,
denkst du, was der Lehrer denkt,
glaubst du diesem Zeitungsschreiber,
der gern die Gedanken lenkt?

Wie frei ist denn unser Denken,
denkst du, was der Reiche denkt,
oder was wir denken sollen,
wenn er die Gedanken lenkt?

Wie frei ist denn unser Denken
oder ist es eingeschränkt,
sind wir alle freie Geister
oder aber ferngelenkt?

Masken

Wir tragen unsre Masken
und sind nicht, wer wir sind,
so zeigen wir nach außen,
wir wären gern ein Kind.

Wir tragen unsre Masken
und glauben an Moral,
die Mächtigen uns zwingen,
obwohl sie klein an Zahl.

Wir tragen unsre Masken,
verstecken unsre Pracht,
wenn wir uns offenbaren,
erstarkt die eigne Macht.

Wir wollen gern erblühen
ganz ohne Maskenpflicht,
die Freiheit zu entscheiden,
verändert unsre Sicht.

Eine Frage des Glaubens

Glaubt Ihr diesem Virologen?
Glaubt Ihr dem Minister Spahn?
Glaubt Ihr noch an die Regierung?
Glaubt Ihr den Corona-Wahn?

Glaubt Ihr an den guten Billy?
Glaubt Ihr, dass er Gutes tut?
Glaubt Ihr an den großen Schwindel?
Glaubt Ihr an den Aluhut?

Glaubt Ihr, was sie mit Euch machen?
Glaubt Ihr an das Freiheitsrecht?
Glaubt Ihr, bald geht es uns besser?
Glaubt Ihr, dieser Krieg ist echt?

Glaubt Ihr, es hat keine Folgen?
Glaubt Ihr an das Kapital?
Glaubt Ihr an die neue Ordnung?
Glaubt Ihr, Ihr habt keine Wahl?

Besiege deine Angst

Deine Angst ist deine Angst,
wo kommt deine Angst nur her,
sie entsteht in deinem Kopf
und vermehrt sich immer mehr.

Schalt die Medien einfach ab
und dann lies ein gutes Buch,
oder geh mal in den Wald,
dann beendest du den Fluch.

Atme ein und atme aus,
fühle dich im Jetzt und Hier,
lebe stets in Achtsamkeit,
bändige auch deine Gier.

Lege deine Sorgen ab,
meditiere ab und zu,
trinke eine Tasse Tee,
gönne dir beizeiten Ruh.

Bleibe ruhig und entspannt,
höre auf dein eignes Herz,
und entwickle deinen Plan,
du bist stark wie Eisenerz.

Lass dich auf dich selber ein,
lass die Katastrophen los,
glaube an den nächsten Tag,
er wird wahrlich für dich groß.

Gerissenheit

Der Mensch ist oft im Denken faul,
drum lässt er sich vertreten,
er wählt dafür ein Parlament,
das wird darum gebeten.

Die Faulheit trägt sich darin fort,
drum sucht man sich Experten,
die denken dann, man wird ihr Wort
im Parlament verwerten.

Experten werden gut bezahlt,
von wem, das könnt ihr raten,
von dem, dem auch die Welt gehört,
die vielen bunten Staaten.

Das Ende von der Faulheit ist,
wir werden stets beschissen,
wir haben es ja so gewollt,
wir sind ja so gerissen.

Menschlichkeit

Menschlichkeit beginnt mit Liebe,
Menschlichkeit ist unser Sein,
Menschlichkeit ist tiefer Frieden,
Komm, wir lassen uns drauf ein.

Menschlichkeit ist das Empfinden,
Menschlichkeit ist Empathie,
Menschlichkeit prägt die Gemeinschaft,
Menschlichkeit schenkt Energie.

Menschlichkeit besteht im Helfen,
Menschlichkeit von Anbeginn,
Menschlichkeit macht uns erst göttlich,
Menschlichkeit ist unser Sinn.

Menschlichkeit ist unsre Zukunft,
Menschlichkeit ist unser Plan,
Menschlichkeit erhält den Frieden,
menschlich unsre Menschheitsbahn.

Demaskiert

Werden Ängste stets verbreitet,
dann verfällt man in den Wahn,
große Zahlen wollen töten,
wird tagtäglich kundgetan.

Was, du willst es noch nicht glauben?
Schau dir doch die Toten an!
Maske auf und Abstand halten!
Bleib Zuhause, lieber Mann!

Was wir sagen, das ist richtig!
ZDF und Tagesschau,
jede abweichende Meinung
führt direkt zum Supergau.

Ist das brave Volk gefügig,
lacht sich die Regierung krumm
ganz natürlich ohne Masken,
nur das Volk das ist so dumm.

Ihr fehlt mir sehr

Ihr fehlt mir sehr, ihr lieben Menschen,
ihr fehlt mir alle wirklich sehr,
ich fühl mich einsam und verlassen
so wie ein Boot im weiten Meer.

Ihr fehlt mir sehr, ihr lieben Freunde,
seit Wochen bin ich ganz allein,
ich führe nur noch Selbstgespräche
und möchte nicht mehr einsam sein.

Ihr fehlt mir sehr, ihr lieben Gäste,
die Trennung ist so selbstgemacht,
ein Virus lässt sich nicht besiegen,
wer hat den Unsinn ausgedacht?

Ihr fehlt mir sehr, ihr lieben Menschen,
die Einzelhaft macht uns nur krank,
der Mensch ist ein soziales Wesen,
er braucht Umarmung, Gott sei Dank.

Ohne Kommentar

Es sagte Adenauer,
der Deutsche ist strohdumm,
er lungert auch noch heute
vom Rhein zur Oder rum.

Die Dummen und die Denker
sind oftmals eng vereint,
politische Idioten,
Gott kämpfte, doch er weint.

Es zog sich durch die Jahre,
es schrieb schon Tacitus,
auch Luther, Brecht und Schiller:
der Deutsche redet Stuss.

Ein Volk ohne Charakter,
im Herzen Untertan,
er lässt sich gern verarschen
im Speichelleckerwahn.

Die Deutschen sind von gestern,
das geben sie gern zu,
bei Fußball, Bier und Spielen
sie finden ihre Ruh.

Sie mögen keine Fremden,
sie mögen sich nicht sehr,
so züchten sie die Dummheit,
die Köpfe sind so leer.

Warum ist Nähe wichtig?

Alles Leben braucht die Nähe,
ohne Nähe wird es krank,
dich bei mir ganz nah zu wissen,
schenkt Vertrauen, Gott sei Dank.

Alles Leben braucht Berührung,
sie tut Leib und Seele gut,
denn sie schenkt uns Glücksgefühle,
schenkt dem Leben neuen Mut.

Alles Leben braucht Kontakte,
Liebe und Geborgenheit,
Nähe ist ein Grundbedürfnis
gestern, heute, alle Zeit.

Nähe schenkt uns Urvertrauen,
Nähe das ist Empathie,
Nähe ist so lebenswichtig,
Nähe schenkt uns Energie.

Diktatur

Sind denn alle Marionetten,
Roboter die programmiert?
Die Gehirne sind vernebelt
oder lange amputiert.

Merkt denn niemand, was hier abläuft?
Denkt denn jeder, das ist wahr?
Medien, die den Geist befallen
werden plötzlich offenbar.

Will der Mensch den Lügen glauben,
warum wird nicht diskutiert?
Weshalb wird die zweite Meinung
von der Staatsmacht abserviert?

Rigoros streicht man Gesetze
und lässt auch die Hunde frei,
wer nicht hören will, soll fühlen
harte Hand der Polizei.

Brave bleiben gern Zuhause,
Brave zeigen kein Gesicht,
Brave lassen sich belügen
und sie merken es auch nicht.

Leute, wir sind doch die Mehrheit,
macht mit diesem Wahnsinn Schluss,
denkt doch nach, beginnt zu handeln,
dann kommt diese Welt in Schuss!

Neuer Handschlag

Die Sehnsucht nach dem Lächeln
wächst täglich mehr und mehr,
nun tragen Menschen Masken,
die macht Gesichter leer.

Ein Lächeln, das nichts kostet,
macht viele Menschen reich,
doch unter einer Maske
verschwindet es sogleich.

Ein Lächeln schenkt viel Freude,
bisweilen großes Glück,
denn der, der es versendet,
bekommt es meist zurück.

Ein Lächeln lädt den Fremden
kurz zum Verweilen ein,
doch hinter der Verkleidung
erscheint der Mensch als Stein.

Ein Lächeln, das verschwindet,
macht keinen Menschen froh,
so wird das Herz entfremdet
zum Liebeswaterloo.

Wir können sie beenden,
besiegen diese Pein,
ein Lächeln ohne Maske
soll unser Handschlag sein.

Des Teufels Lohn

Das stehen sie, da liegen sie,
die Knarre in der Hand,
ein Schuss, ein Knall, ein Schuss, ein Knall,
da wird es laut in diesem Land.

So üben sie das Töten ein,
der Tod ist ihr Beruf,
Soldaten werden Mörder sein,
der Staat Soldaten schuf.

Schon wenn sie üben, töten sie,
so stirbt schon bald ein Kind,
vom Geld, was man den Eltern raubt,
wer's nicht erkennt, ist blind.

Denn alle Waffen, die man baut,
und alle Munition,
die baut man aus geraubtem Geld,
sie sind des Teufels Lohn.

Frei von Angst

Es war einmal ein Virus,
das zog zur Welt hinaus,
die Angst wollte regieren
im ganzen Weltenhaus.

Sie sprach: wer sich nun ansteckt,
der kommt in großer Not,
er muss unendlich leiden
und ist in Bälde tot.

Und wenn sich keiner ansteckt?
Erfragt die Weisheit dann,
was soll die Mehrheit leiden,
seht euch die Zahlen an!

Ihr wisst, die Angst kann töten,
wer Mut hat, ist immun,
wer Angst hat, bleibt zuhause,
wer Mut hat, erntet Ruhm.

Der Ängstliche wird klagen,
der Mutmensch aber lacht,
das Virus geht verloren
ganz plötzlich über Nacht.

Gebt acht, ihr Lieben Leute,
prüft, wem die Panik dient!
Es droht der Panikmacher,
die Liebe aber grient.

Die schöne Zeit kommt

Sind die leiderfüllten Wesen
erst von ihrer Qual befreit,
sind sie von dem Schmerz genesen,
folgt für sie die schöne Zeit.

Sind die angsterfüllten Wesen
erst von ihrer Last befreit,
trennen sie sich von dem Bösen,
folgt für sie die schöne Zeit.

Sind die machterfüllten Wesen
erst von ihrem Wahn befreit,
wenn sie sich vom Teufel lösen,
folgt für sie die schöne Zeit.

Sind die vielen Einzelwesen
erst vom Ego auch befreit,
dann der Frieden wird genesen,
dann macht sich die Liebe breit.

Die Pandemie ist überall

Die Pandemie herrscht überall auf Erden.
Sie schwingt als Welle sich empor und bringt die Not,
ein neues Virus, sagt man, bringt den schnellen Tod,
wie wird die Zukunft für uns alle werden?

Die WHO weiß alles von den bösen Viren.
Sie hat für jede Krankheit einen guten Plan,
ein guter Massenimpfstoff hat stets gut getan,
so mancher Doller wird die Börse zieren.

Fast jedes Land lässt sich davon umgarnen,
sie setzten über Nacht die Menschenrechte aus,
wer nicht viel nachdenkt, spendet wiederholt Applaus,
verachtet werden die, die davor warnen.

Wer etwas sagt, den straft man mit Missachtung,
die große Einfalt wurde schnell zur Pandemie,
so angst- und hasserfüllte Menschen gab es nie,
mir scheint, sie warten auf die eigne Schlachtung.

Melancholie

Verzweiflung geistert durch den trüben Tag,
die Blätter schwanken traurig hin und her,
ein Bote gibt mir einen Briefumschlag,
beim Öffnen wird das alte Herz mir schwer.

Die Botschaft ist von großer Traurigkeit,
ich schaue einmal, schaue zweimal hin,
dann fallen viele Tränen in die Zeit
und ich verstehe nicht den wahren Sinn.

Die Menschenmassen geben ihre Seelen auf,
ein Irrer bläst die Lügen in ihr Hirn,
im Gleichschritt ändert Angst den Weltenlauf,
ein Vakuum entsteht hinter der Stirn.

Die Tage werden immer dunkler sein,
die Liebe aber strebt zum hellen Licht,
ich fühle mich im Herzen so allein,
wenn so viel Einfalt aus den Menschen spricht.

Der Deutsche

Der Deutsche schließt die Augen,
der Deutsche hört nicht zu,
der Deutsche will nichts sagen.
Ach, lasst ihn doch in Ruh!

Der Deutsche will nicht denken,
er ist gern Untertan,
der Deutsche übt Gehorsam,
der Staat hat einen Plan.

Der Deutsche liebt die Spiele
und glaubt an Lottoglück,
er trägt gern eine Maske
entfernt vom Gegenstück.

Der Deutsche ist stets pünktlich,
nur nicht die Eisenbahn,
er ist ein Erbsenzähler
und stellt sich gerne an.

Der Deutsche ist humorlos,
es wird nicht gern gelacht,
doch fährt er nach Mallorca,
weil das der Nachbar macht.

Der Deutsche schließt die Augen,
der Deutsche hört nicht zu,
der Deutsche will nichts sagen.
Ach, lasst ihn doch in Ruh!

Leer

Gedanken sind auf einmal leer,
ich schwebe durch die Ewigkeit,
die Angst taucht in das Seelenmeer,
wer weiß denn schon, was bringt die Zeit?

Man trennt uns und man separiert,
man zieht uns einen Maulkorb an,
bis jeder stumm und träge stiert,
weil er kein Lächeln zeigen kann.

Wo führt der ganze Stumpfsinn hin?
Der Tod kehrt mit dem Abstand ein,
zerstört wird so der Liebessinn,
soll das die neue Zukunft sein?

Ich halt das Böse nicht mehr aus!
Wir wissen doch, dass Liebe heilt,
allein bin ich im Dichterhaus,
wo nur die Leere mit mir weilt.

Achtzig Millionen

Achtzig Millionen in Angst vor dem Tode,
Achtzig Millionen in Furcht vor dem Staat,
Achtzig Millionen versteckt hinter Masken,
Achtzig Millionen erstarrt in der Tat.

Achtzig Millionen verzichten auf Rechte,
Achtzig Millionen im Tagesschaubann,
Achtzig Millionen ertrinken in Lügen,
Achtzig Millionen geimpft irgendwann.

Achtzig Millionen verspotten die andern,
Achtzig Millionen ist Kunst nun egal,
Achtzig Millionen sind gern Egoisten,
Achtzig Millionen geh'n morgen zur Wahl.

Achtzig Millionen verraten den Nachbarn,
Achtzig Millionen sind gern Untertan,
Achtzig Millionen für Brot und für Spiele,
Achtzig Millionen sie lieben den Spahn.

Neue Weltordnung

Alle Menschen wird man impfen,
allen gibt man einen Chip,
alle sagen ja und Amen,
alle machen einfach mit.

Jeden wird man dirigieren,
wir sind dann Robotern gleich,
Neunzehnhundertvierundachtzig
heißt das neue Menschenreich.

Alle, die sich widersetzen,
schaltet die Elite aus,
denn die neue Weltenordnung
gilt im ganzen Erdenhaus.

Ihr glaubt nicht, es wird so kommen,
denkt doch einfach einmal nach!
Oder glaubt ihr an die Medien
und das Lügenalmanach?

Unser Staat ist Schwert und Peitsche
einer großen Herrschermacht,
was Eliten sich erdenken,
wird verwirklicht Tag und Nacht.

Dazu kommen die Vasallen
mit und ohne Uniform,
bis die neue Weltenordnung
wird zu allgemeinen Norm.

Ganz neue Weltordnung

Alle Menschen werden lieben,
alle sind von Herzen frei,
alle möchten sich umarmen.
Hört ihr ihren Jubelschrei?

Jeder kann sich frei entfalten,
denn er kennt sein Potential,
einer wird dem andern helfen,
es gibt Freunde ohne Zahl.

Niemand will sich widersetzen,
keiner hungert auf der Welt,
überall auf Erden Frieden,
weil die Menschheit ihn bestellt.

Ihr glaubt nicht, es wird so kommen,
denkt doch einfach einmal nach!
Lasst aus euch die Herzen sprechen,
dann gibt es kein Ungemach.

Und vergesst die alten Lehren,
du und du und ich sind gleich,
wenn wir alle keine Sklaven,
sind wir wie ein König reich.

Lasst uns tanzen, lasst uns singen,
und gemeinsam glücklich sein,
mehren wir das Glück der Nachbarn,
scheint im Herz der Sonnenschein.

Heile dich

Heile dich mit Sonnenlicht,
Heile dich mit Sternenfeuer,
Heile dich am blauen Meer,
Heile dich mit Abenteuer.

Heile dich auf Bergeshöh,
Heile dich in Weltenweite,
Heile dich in der Natur,
Heile dich von jeder Seite.

Heile dich mit viel Gesang,
Heile dich mit tiefer Stille,
Heile dich mit wildem Tanz,
Heilung ist dein Lebenswille.

Heile dich mit frischer Luft,
Heile dich mit gutem Essen,
Heile dich mit Achtsamkeit,
Heile dich nach Selbstermessen.

Heile dich mit Liebeslust,
Heile dich mit tausend Küssen,
Heile dich mit Zärtlichkeit,
Heile dich mit tiefem Wissen.

Heile dich, hör auf dein Herz,
Heile dich mit deiner Güte,
Heile dich dein Leben lang,
Heile dich, du Lotosblüte.

Ohnmacht

Ich lebe gerne selbstbestimmt
und bin mir selbst bewusst,
ich bin mit den Gedanken frei
und lebe meine Lust.

Nun kommt plötzlich der Staat daher
und schränkt die Freiheit ein,
belegt mich mit Berufsverbot,
wieso kann so etwas sein?

Er legt mir einen Maulkorb an
und sagt, dass sei sein Recht,
er sendet tausend Lügen aus,
mir wird davon schon schlecht.

Millionen lullt er damit ein,
das Volk ist komatös,
die Dummheit breitet sich so aus,
das ist doch skandalös.

Das Volk glaubt nur der großen Zahl
in diesem Virenkrieg.
Schaut euch den Weg des Geldes an,
der Bill erringt den Sieg.

So trag ich gern den Aluhut,
kein Mensch sieht meine Not,
AHA, so heißt das Grundgesetz
bis alle mausetot.

Spaltung

Die einen heißen Covidioten,
die andren nennt man komatös,
so kann man die Gesellschaft spalten,
doch die, die spalten, die sind bös.

Die einen glauben ihren Herren,
die andren zweifeln diese an,
was Wahrheit ist und was die Lüge,
man sicherlich beweisen kann.

Schaut man zurück in die Geschichte,
dann waren Herrschende stets froh,
wenn zwei sich streiten, freut's den Dritten,
und heute ist das ebenso.

So werden Reiche immer reicher,
das zieht sich bis ins Heute fort,
bis wir gemeinschaftlich erkennen,
er ist in uns, der Friedenshort.

Vom Gewissen

Die Priester haben es erfunden
und in Gewissen unbenannt,
das klopften sie in alle Köpfe
von Nord bis Süd im ganzen Land.

Sie sagten uns, was für sie richtig,
bis jeder glaubte, das sei wahr,
ein jeder musste danach handeln,
und wer es tat, war wunderbar.

Wer diese Regeln nicht bedachte,
den machte man zum Sündenbock,
die Priester drohten mit der Hölle,
gar mancher spürte auch den Stock.

So lehrte man von Gut und Böse
und förderte die Heuchelei,
denn jeder, der sein Leben lebte,
war mit dem Herzen nicht dabei.

Steinerne Tränen

Ich bin im Grundsatz optimistisch,
doch frage ich mich nach dem Sinn,
die Nähe ist akut verboten,
wo soll ich mit der Liebe hin?

Soll ich die weite Ferne suchen
und mich verkriechen tief im Wald?
Soll ich den Hoffnungslosen spielen
und weinen, bis der Tod mich krallt?

Soll ich mich heut zum Sklaven machen,
weil irgendeiner es so will?
Und alle Sklaven rufen heiter:
Halt's Maul, du Dichter, sei doch still!

In Freiheit wurde ich geboren,
doch darf ich auch mal traurig sein,
mir ist so schwer in meinem Herzen,
und jede Träne ist ein Stein.

Wie ein Edelstein

Sie lehren uns, Erfolg zu haben,
so will ein jeder Spitze sein,
nur einer kann den Sieg erringen,
der Rest ist ein Versagerlein.

Sie wollen dies System uns lehren
vom Kindergarten bis zum Job,
so schaffen sie uns eine Hölle
und programmieren einen Flop.

Sie wollen, dass wir uns vergleichen,
die Konkurrenz schafft Höllenqual,
denn die Verlierer sind so wertlos
und überdies in Überzahl.

Wir brauchen nicht berühmt zu werden
und müssen nicht erfolgreich sein,
wer liebevoll und kreativ ist,
der ist bereits ein Edelstein.

Alles Schöne soll weg

Sie wollen alles Schöne töten,
sie fangen mit der Liebe an,
wir sollen großen Abstand halten,
damit man uns regieren kann.

Sie wollen alle Freude töten,
und wer nicht hört, der wird bestraft,
Familien sollen nicht mehr feiern:
Tragt Maske, oder besser: schlaft!

Sie wollen Kulturelles töten,
Musik und Tanz sind längst vorbei,
und werden erst die Bücher brennen,
dann ist es vielen einerlei.

Sie wollen unsre Kinder töten,
wir wehren uns, denn wir sind mehr,
wir können uns das Pack nicht leisten,
steht auf, setzt ein zur Gegenwehr!

Waffen töten schon im Frieden

Waffen töten schon im Frieden,
und sie kosten unser Geld.
Die Regierung will sie kaufen,
Arme hoch, wem das gefällt?

Waffen töten schon im Frieden,
und so übt man Schuss für Schuss,
wie man einen Menschen tötet,
weil man das trainieren muss!

Waffen töten schon im Frieden,
ärmlich ist so manches Kind,
lieber will man Waffen kaufen,
für die Armut ist man blind.

Waffen töten schon im Frieden,
prägt euch dieses Motto ein,
und bedenkt bei euren Taten,
Liebe soll auf Erden sein.

Besitzstreben

Die Menschen streben nach Besitz,
weil sie nicht wissen, was sie haben,
in ihnen steckt ein Königreich,
doch betteln sie nach fremden Gaben.

Je mehr der Geist nach Wünschen strebt,
je mehr glaubt er an seine Leere,
er weiß nicht wirklich, was ihm fehlt,
und glaubt viel Reichtum bringt viel Ehre.

Zudem wird er auch stets verführt,
man will ihm fremden Glauben machen,
und redet allen Menschen ein,
dass er muss kaufen viele Sachen.

Ein Menschenleben ist zu kurz,
um nur nach Geld und Ruhm zu streben,
des Menschen Streben nach Besitz
verkürzt in Wahrheit ihm das Leben.

Vorschlag zu Moria

Wer etwas Empathie empfindet,
der denkt bestimmt darüber nach,
warum ein Mensch vor Kriegen flüchtet,
der plötzlich in dem Land ausbrach.

Und denkt man dann noch etwas weiter:
wo kommen all die Waffen her,
die man im Kriege hat verwendet,
dann ist die Lösung gar nicht schwer.

Auch deutsche Firmen liefern fleißig
den Tod in alle Welt hinaus,
und jeder, der daran beteiligt,
bekommt ein Flüchtling nun ins Haus.

Wer Waffen herstellt und sie liefert,
nimmt Tod und Elend mit in kauf,
ein Bundestag, der auch dafür stimmt,
der muntert auch zum Töten auf.

Und jeder, der nun involviert ist,
dem wird ein Flüchtling nun geschenkt,
als kleine Buße für die Sünde,
seid froh, dass niemand wird gehängt.

Ist Ideal ein Schimpfwort?

Das Faktum ist zu überdenken,
was ist für uns ein Ideal?
Wer legt denn fest, wie es denn sein soll,
ist das nicht eher irreal?

Das Ideal ist wie Schablone,
da passt wohl selten jemand rein,
mach ich mich größer oder kleiner,
soll ich wie jemand anders sein?

Der Wunsch zum Anderssein zeugt Ängste,
er spaltet mich, macht schizophren,
so treibt man Menschen in den Wahnsinn,
wie lange soll das noch so gehn.

Die Priester haben sie erfunden,
die Lehrer machen es nun nach,
zuerst erhebt man Ideale,
dann folgt das große Weh und Ach.

Wir wurden doch perfekt geschaffen,
was wollen wir perfekter sein,
du bist als Mensch für dich vollkommen
und glänzt so wie ein Edelstein.

Schenk deine Energie dem Leben,
du bist für dich ein Ideal,
geh tanzen, dichten oder feiern,
du hast als Mensch doch eine Wahl.

Vergiftung

Unser Leben ist vergiftet,
ist euch das denn auch bewusst?
Alle wollen uns nur lenken,
niemand fragt nach unsrer Lust.

Eltern setzen für uns Ziele,
das ist ihre Strategie,
in der Schule geht es weiter,
Ehrgeiz heißt die Therapie.

All das führt uns zur Neurose,
die Gesellschaft will es so,
Eltern, Priester, Pädagogen,
bis die Herrschaft ist dann froh.

Unser Denken - ein Gefängnis,
wir sind nie im Jetzt und Hier,
unser Denken wird vergiftet,
doch ich bin kein Opfertier.

Von der Macht

Der Drang zur Macht ist eine Krankheit,
doch frag ich mich, wo kommt er her,
so mancher Mensch will was bedeuten,
wenn er im Innern ist so leer.

Wer in sich ruht, der ist im Frieden,
der ist entspannt in seinem Sein,
er weiß, er kann sich nicht mehr wünschen,
er lebt in Fülle von allein.

Der Drang zur Macht, raubt andern Würde,
er geht einher mit viel Gewalt,
man will der Stärkste sein auf Erden,
so werden Herzen mächtig kalt.

Wer herrscht, fühlt sich doch unterlegen,
er löst sich von dem eignen Ich,
wer dafür lebt, was zu erreichen,
dem fehlt der Frieden sicherlich.

Laotse sagt: seht doch die Bäume,
ja seht die Sterne, seht den Fluss!
Dann wisst ihr, was das Sein bedeutet,
dann gebt der Liebsten einen Kuss.

Die Macht bereitet nur Probleme,
Entspannung bringt dir Frieden ein,
genieß den Augenblick der Stille,
dann darfst du einfach Niemand sein.

Nötigung

Erst musst du deinen Namen nennen,
dann darfst du bei uns rein,
dann brauchen wir noch die Adresse,
das muss ganz sicher sein.

Dazu musst du die Maske tragen,
nur so zur Sicherheit,
entseuche auch noch deine Hände,
dafür hast du doch Zeit.

Du darfst nicht in das Ausland reisen
ins Risikogebiet,
du willst nicht, dass wir alle sterben,
was ja wohl sonst geschieht.

Die Angst ist eine große Seuche,
sie hat uns infiziert,
der Virus wird TV-verbreitet,
da wird nicht debattiert.

Du musst noch deinen Namen nennen,
sonst kommt die Polizei,
die Pandemie ist erst zu Ende,
sind alle virenfrei.

Das wird uns die Regierung sagen,
die weiß ja, wie man zählt,
da gibt es sicher keine Zweifel,
ihr habt sie doch gewählt.

Gott zum Gruße

Ohne Rücksicht auf Verluste
denkt so mancher Egoist,
und dann geht er über Leichen,
Gott zum Gruße, lieber Christ!

Kommen Sie mir nicht zu nahe,
nachher sind Sie auch noch krank,
ist egal, wenn Sie verhungern,
Gott zum Gruße, Gott sei Dank!

Intressiert mich nicht die Bohne,
was mit dem und dem passiert,
ich muss selber an mich denken,
Gott zum Gruße, er krepiert.

Ellenbogen ohne Skrupel,
psychopathisch mehr und mehr,
was will denn der Hungerleider,
Gott zum Gruße, bitte sehr.

Wertschätzung

Man blickt sich an in Augenhöhe,
denn jeder Mensch ist gleichviel wert,
wir sind mit einem Herz geboren,
das ist an sich bemerkenswert.

Der eine kommt in dunkler Farbe,
der andere ist viel mehr hell,
die Haare sind auch ganz verschieden,
doch alle sind aus Gottes Quell.

Ein jeder Mensch hat eine Gabe,
die ist für die Gemeinschaft da,
die Liebe ist's, die sie verbindet,
ob sie nun fern sind oder nah.

Ein jeder Mensch ist von Bedeutung,
egal ob dick, ob groß, ob klein,
ob Putzfrau, Generaldirektor,
ihr Wert ist groß – so soll es sein.

Kein Mensch ist besser als der andre,
zieht man sie alle nackig aus,
wir alle kacken aus dem Hintern,
die reiche und die arme Maus.

Gemeinsam werden wir es schaffen,
wir schaffen eine neue Welt,
wo wir den Wert des Menschen schätzen
und auch der Wert der Umwelt zählt.

Ein Freund spürt alles

Ein Freund verspürt des Freundes Leiden,
es rollen Tränen ohne Zahl,
umarmt er ihn, das hilft den beiden,
so lindert er des Freundes Qual.

Ein Freund erlebt des Freundes Sorgen,
daraus entsteht so manche Wut,
er lebt im Jetzt und nicht im Morgen,
drum gibt der Freund dem Freunde Mut.

Ein Freund erahnt des Freundes Trauer
und erkennt den Herzverlust,
er weiß, er ist niemals von Dauer,
drum macht's der Freund dem Freund bewusst.

Ein Freund bewahrt des Freundes Ehre,
so steht er immer für ihn ein,
er füllt des Freundes große Leere
und wird im Herzen bei ihm sein.

Ein Freund erkennt des Freundes Freude,
er freut sich mit ihm jederzeit,
die Freundschaft ist ein Wir-Gebäude,
wo man zum Geben ist bereit.

Die Magie der Umarmung

Die Menschen wissen es schon lange,
Berührungen sind Medizin,
dadurch entsteht ein Wohlbefinden,
durch ein besondres Protein.

Die Glücklichmacher unsres Körpers
hellen sofort die Stimmung auf,
sie können Krankheiten vermeiden,
verbessern unsern Lebenslauf.

Der Blutdruck sinkt, du fühlst dich wohler,
wir sind auf einmal sehr entspannt,
die Sinne werden intensiver,
das hat die Wissenschaft erkannt.

Tagtäglich reicht nur viermal drücken,
damit das Leben in uns bleibt,
doch wollen wir uns auch entwickeln,
wird zwölfmal unser Leib umleibt.

Ubuntu - ich bin im Wir

Wo Sieger sind, sind auch Verlierer,
der eine gut, der andre schlecht,
was hilft, wenn Menschen sich vergleichen,
für alle gilt das gleiche Recht.

Wo einer groß, sind andre kleiner,
der eine dick, der andre schlank,
wo Richter sind, da sind auch Henker,
wo Leben ist, da sei auch Dank.

Wo Arme sind, da sind auch Reiche,
im Kampf verliert Gemeinsamkeit,
die Konkurrenz will unterdrücken
und so entstand die Sklavenzeit.

Wo einer froh, sind viele traurig,
Ubuntu heißt, ich bin im Wir,
gemeinsam sind wir alle Sieger,
so leben wir im Jetzt und Hier.

Trauriger Montag

Manchmal weint mein Herz viel Tränen,
weil es vieles nicht versteht,
der Verstand kann auch nicht helfen,
weiß nicht, wie es weiter geht.

Weshalb meiden mich Verwandte,
warum schweigen sie mich an,
habe ich die Pest am Halse
oder bin ich ein Tyrann?

Passe ich nicht in ihre Muster,
ist mein Denken grundverkehrt?
Werde ich nur ausgestoßen,
ist die Liebe nichts mehr wert?

Heute werde ich noch weinen,
morgen bin ich wieder froh,
manche mögen mich als Dichter
und ich mag mich sowieso.

Vergleiche dich nicht!

Vergleiche dich nicht
mit Großen, mit Kleinen!
Vergleiche dich nicht
zu jedweder Zeit!
Vergleiche dich nicht
mit Dummen und Schlauen!
Vergleiche dich nicht,
weil das stets entzweit!

Vergleiche dich nicht
und scheiß auf die Ehre!
Vergleiche dich nicht,
du hast deinen Wert!
Vergleiche dich nicht,
das sei die Devise!
Vergleiche dich nicht,
wenn Lob wird beschert!

Vergleiche dich nicht,
du bist einzigartig!
Vergleiche dich nicht,
du Prachtexemplar!
Vergleiche dich nicht,
du hast doch Talente!
Vergleiche dich nicht,
du bist wunderbar!

Unfassbar sind die Zeiten

Unfassbar sind die Zeiten,
die Show des Wahnsinns kracht,
das Hirn wird mir zerrissen
von früh bis in die Nacht.

Es biegen sich die Nägel,
Verzweiflung macht sich breit,
die Show der großen Leere
macht im Verstand sich breit.

Der Irrsinn nimmt kein Ende,
verschafft mir Gänsehaut,
und jeden Tag was Neues,
nichts bleibt mir altvertraut.

Der Sinn kommt an sein Ende,
Psychose überall,
Verzweiflungsexplosionen
verkünden einen Knall.

Die Schöpfung weist die Wege,
Erleuchtung setzt schon ein,
die Angst wird einfach sterben,
das Leben möchte sein.

Recht und Gesetz

Die Rechte sind in uns gegeben,
Gesetze werden nur gemacht,
ich hab ein Recht darauf zu leben
und ziehe nie in eine Schlacht.

Ich hab ein Recht auf meine Würde
und kein Gesetz verhindert das,
ich lass mich nicht als Sklaven halten,
das Leben ist kein Staatserlass.

Ich lass die Freiheit mir nicht nehmen,
kein Mensch schränkt meine Rechte ein,
ich lebe stets in großer Liebe
und will kein Personal mehr sein.

Ich brauche niemand, der mich regelt,
der zu mir sagt, tu dies, tu das,
und der behauptet, mich zu schützen,
ein Staat, der voller Menschenhass.

Ich brauche niemand, der mich gängelt,
der mich mit seiner Macht erpresst,
der Staat ist Instrument der Herrschaft,
der die Gesetze stets erlässt.

Ich weiß, wem die Gesetze dienen,
sie dienen nur zum Machterhalt,
ich hab ein Recht darauf zu leben,
und ein Gesetz ist stets Gewalt.

Ehrlichkeit

Wenn wir sagen, was wir denken,
werden wir recht bald entspannt,
nehmen wir die Last der Seele,
das ist vielen wohl bekannt.

Unsre Meinung ist uns wichtig,
deshalb sprechen wir sie aus,
auch wenn andre sie nicht teilen,
das ist so im Irrenhaus.

Was die andren von uns denken,
ist doch wirklich scheißegal,
hören wir doch auf zu schleimen,
es geht nicht zur Landtagswahl.

Sind wir glücklich, scheint die Sonne,
und darüber reden wir,
wer will mit in Liebe leben,
der kommt mit ins Jetzt und Hier.

Schweigen wir im tiefen Walde,
wo die Stille zu uns spricht,
werden wir wohl bald erkennen,
brennt in uns ein Friedenslicht.

Sprechen wir, wovon wir fühlen,
sind wir ehrlich, ist das gut,
wer das erst einmal begriffen,
braucht dazu nicht sehr viel Mut.

Feierabend des Polizisten

Ein Polizist kommt auch nach Hause,
kehrt ein an den Familienherd,
begrüßt wird er von Frau und Kindern,
und beide sind ihm sehr viel wert.

Dann fragt die Frau: Wie war die Arbeit,
hat wieder jemand demonstriert?
Konntest die Menschen du beschützen,
hast du dich prächtig amüsiert?

Nun ja, es war wohl so wie immer,
der eine, ich glaub, der hieß Paul,
der wollte nicht nach Hause gehen,
das gab es prächtig was aufs Maul.

Wir haben Hunderte verhaftet,
das sieht der Präsident so gern,
und wenn die Knüppel nicht mehr reichen,
dann nehmen wir den Morgenstern.

Ja, sonst war nicht viel los gewesen,
wir sind nun mal die Staats-Gewalt,
die sollen hören, was wir sagen,
sonst geht es in die Knastanstalt.

Ein Polizist kommt auch nach Hause,
am Abend trinkt er gern sein Bier,
küsst seine Frau und auch die Kinder
und ruht in seinem Nachtquartier.

Neusprech

Gute Zeit für Worterfinder,
Plandemie, Balkongesang.
Abstand ist die Volksfürsorge,
besser ein paar Jahre lang.

Alltagsmaske alle Tage,
dazu Ellenbogengruß,
Herdenschutz, Hygienedusche,
manches ist doch sehr abstrus.

Covidioten, Impfverschwörer,
wer ist die Kontaktperson,
PCR-Test, Quarantäne,
und dazu Gesichtskondom.

Sieben Tage Inzidenzen,
Lockdown durch Corona-App,
denn die Quarantänefestung
ist dann nur der zweite Step.

Ist der R-Wert nicht zu halten,
weil ein Superspreader dort,
Virenschleuder, zweite Welle
hier und auch an jedem Ort.

Relevant für die Systeme
ist, was die Regierung spricht,
Neusprech heißt die neue Sprache,
das entscheidet das Gericht.

Vom Wert der Freundschaft

So still ist es vorbei gegangen,
das halbe Jahr der Einsamkeit,
kein Wort, kein Ton, nicht eine Silbe
erreichten mich in jener Zeit.

Vielleicht schwebst du auf Wolke sieben
im Dasein deiner Sicherheit,
für dich hat sich ja nichts verändert,
so bist du voller Dankbarkeit.

Derweil dem Freund die Tränen fließen,
die Insolvenz ist nicht mehr weit,
was war, bricht endgültig zusammen,
gewollt schlägt man die Kleinen breit.

Du sagst, du tätest mich vermissen,
weshalb warst du so lange still,
die Freundschaft währt nur hier im Leben,
so lang man leben darf und will.

Funktionstüchtig

Menschen, die in Ängsten leben,
sind ganz selten selbstbewusst,
wenn sie ihren Nächsten meiden,
fehlt wohl jede Lebenslust.

Menschen, die dem Herrscher glauben,
was er sagt, ist ganz egal,
sind stets gute Untertanen
und sie sind erst recht loyal.

Menschen, die ein Zeichen tragen
an dem Ärmel, vor dem Mund,
werden andere verraten,
Menschenhass ist der Befund.

Menschen werden aufmarschieren
für die Herrscher dieser Welt,
ich hör schon die Säbel rasseln,
irgendeiner zählt das Geld.

Menschen werden gerne Sklaven,
Propaganda funktioniert,
leere Köpfe nicht viel denken,
Schießbefehl wird akzeptiert.

Menschen töten Meinungsfreiheit
mit dem Hammer in der Not,
Menschen, die in Ängsten leben,
sind in Wirklichkeit schon tot.

Gestorben wird heute

Sie kämpfen um ihr bisschen Leben,
das nur aus Ängsten noch besteht,
verbreitern so die tiefen Gräben,
damit es einsam weiter geht.

Sie müssen von den Herrschern lernen,
dass man sich nicht mit Handschlag grüßt,
von Liebe soll man sich entfernen,
sonst wird der Fehltritt schnell gebüßt.

Sie folgen dem, was Medien sagen
und glauben alles und zwar blind,
nun geht es ihnen an den Kragen,
weil sie so schön gehorsam sind.

Sie werden alles akzeptieren,
damit ein Tag ein Morgen hat,
sie lassen ihre Seele frieren,
ihr Leben findet doch nicht statt.

Die Umkehr

Wie beispiellos sind diese Zeiten,
was einmal war, das ist nicht mehr,
das Übliche ist fortan anders,
das Leichte ist ganz plötzlich schwer.

Die Wissenschaft hat keine Zweifel,
darüber wird nicht diskutiert,
man kennt die absolute Wahrheit,
die wird von jedem akzeptiert.

Zunächst gilt jeder als ein Kranker,
bis er das Gegenteil beweist,
asymptomatisch Infizierte
sind Sünderlein im Virusgeist.

Wir alle sind nun völlig ratlos,
drum greift der Staat von oben ein,
die Mutti wird uns nun beschützen,
denn wir sind kleine Kinderlein.

Da wir nun alle Virenträger,
steht uns jetzt keine Würde zu,
ein jeder Mensch ist kreuzgefährlich,
erkennt die Wissenschaft im Nu.

Wer liebt, wird deshalb Nähe meiden,
ein jeder stirbt für sich allein,
es folgt die Umkehr aller Werte,
so soll das neue Leben sein.

Erfindungen aus Langeweile

Es breitet sich in Deutschland
die Langweile aus,
da sucht man für Genossen
Beschäftigung im Haus.

Nun soll die deutsche Sprache
nicht sein, wie sie mal war,
man braucht sie viel moderner,
das ist euch sicher klar.

Die schlauen Professoren
taxieren jedes Wort,
ob es auch gendermäßig
korrekt ist hier vor Ort.

Man prüft auch den Rassismus,
das muss jetzt sicher sein.
Darf man Berliner essen?
Streicht man das Negerlein?

Die Mann, der Frau, das Kinder,
vorbei ist das Geschlecht,
das Mond, das Stern, das Sonne,
so wär es ihnen recht.

Wir haben Null Probleme
in unsrem eignen Land,
drum muss man sie erfinden,
hab ich indes erkannt.

Sei dankbar!

Ich helfe dir, sei dankbar,
doch denke stets daran,
bleib stets in meinem Sinne,
wer weiß, was kommen kann.

Ich geb dir Geld, sei dankbar,
ich will ja nur dein Glück,
du sollst ja nicht verhungern
in dem Theaterstück.

Ich geb dir Gunst, sei dankbar,
ich liebe dich so sehr,
so gib mir zur Belohnung
auch deine Seele her.

Mir geht es gut, sei dankbar,
ich kann ja nichts dafür,
dass du in einer Krise,
ich hab kein Krebsgeschwür.

Die Quelle der Kraft

Die Quelle aller Kraft ist meine Hoffnung,
sie hilft mir aus dem Tal der Ängstlichkeit,
das Weltgeschehen scheint nicht immer sicher,
die Hoffnung schenkt mir eine gute Zeit.

Ich trage meine Hoffnung tief im Herzen,
entfache mit ihr alle Leidenschaft,
die Liebe kann sich so aus mir entfalten,
sie schenkt dem Leben alle seine Kraft.

Aus meiner Hoffnung wird schon bald Gewissheit,
die Reise endet stets im großen Glück,
das Leben existiert nur in der Liebe,
die Hoffnung selbst ist schon mein Meisterstück.

Und geht die Sonne täglich einmal unter,
die Hoffnung weckt sie morgens wieder auf,
sie wird uns täglich in die Herzen scheinen,
mein Liebes-Ja bestimmt den Lebenslauf.

Wie geht es dir?

Wie geht es dir? Was machst du so?
Fühlst du die Leichtigkeit?
Du wartest nicht die Antwort ab,
scheinheilig ist die Zeit.

An einem Grab die Träne rollt,
du bist voll Dankbarkeit,
schön, dass ich nicht gestorben bin,
scheinheilig ist die Zeit.

Geehrter Herr von Vollidiot,
mit Unterwürfigkeit
schreibst du so manchen Bettelbrief,
scheinheilig ist die Zeit.

Du bist so schön! Du bist so toll!
Dein Schicksal tut mir leid!
Du lügst so oft in Lethargie,
scheinheilig ist die Zeit.

Ist es wahr?

Ist nur wahr, was stetig messbar,
was man dann in Zahlen gießt?
Was ist nah, liegt in der Ferne,
wenn nur der Gedanke fließt?

Ist es wahr, ich spüre Hitze,
und dir ist erbärmlich kalt?
Warte ich auf meine Liebste,
werde ich an Stunden alt.

Ist es wahr, weil einer sagt es
und beweist mit einem Bild?
Durch das Auge des Betrachters
wird sein Wahrheitsdurst gestillt.

Ist es wahr, wenn die Statistik
wird gebogen, bis sie passt?
Folge nur der Spur des Geldes,
wo ist seine letzte Rast.

Ist es wahr, was sie uns sagen,
wollen sie uns Gutes tun?
Lernen wir aus der Geschichte,
oder ist das Hirn immun?

Ist es wahr, dass nur die Liebe
überwindet Hass und Krieg?
Ist es wahr, dass nur das Gute
führt der Menschheit hin zum Sieg?

Tricks

Es gibt so Tricks, die wirken immer,
wenn einer was zu meckern hat,
dann sagt man: Schau der Arbeitslose,
kriegt nicht mal seine Kinder satt!

Dir bleibt zu wenig Geld, mein Lieber,
die Steuer frisst so vieles auf?
Du hast ein warmes Haus mit Bettchen,
regt dich doch nicht so künstlich auf!

Du kannst nicht reisen wegen Dingsda,
na und, das können viele nicht!
Wie viele haben gar kein Auto,
kein Geld, wovon nur keiner spricht!

Die Welt ist überall gespalten,
der Reiche ist noch immer reich,
die Armen werden täglich ärmer,
das ist den Reichen eher gleich.

Angst und Verzweiflung

Todesangst vor einer Krankheit,
Panik macht sich in mir breit.
Werde ich in Bälde sterben?
Ich bin dafür nicht bereit.

Jede Sorge ist ein Anlass.
Steht der Tod schon neben mir?
Heftig hör das Herz ich pochen,
spüre ich des Teufels Gier.

Schweißausbrüche ganz am Leibe,
triefend nass ist jedes Hemd,
die Kontrolle zu verlieren,
ist wohl niemanden ganz fremd.

Überfluten Emotionen
gibt man Vollgas aus dem Stand,
Angst will ich mit Angst besiegen,
die Attacke folgt rasant.

Will ich leben, will ich sterben?
Die Verzweiflung ist schon da!
Ach, ich kann mich nicht entscheiden,
der Gevatter ist mir nah.

Helft mir doch! Die Depressionen
werde ich allein nicht los.
Holt mir doch die bösen Geister
einfach aus dem Kopfe bloß!

Was Kinder brauchen

Kinder brauchen Liebe,
Kinder brauchen Zärtlichkeit,
Kinder brauchen Wärme,
Kinder brauchen Sicherheit.

Kinder brauchen Nahrung,
Kinder brauchen Elternzeit,
Kinder brauchen Kinder,
Kinder brauchen Dankbarkeit.

Kinder brauchen Sonne,
Kinder brauchen Freundlichkeit,
Kinder brauchen Ansporn
Kinder brauchen Tapferkeit.

Kinder brauchen Frieden,
Kinder brauchen Heiterkeit,
Kinder brauchen Lachen,
Kinder brauchen Menschlichkeit.

Zeitenwende

Neues Denken, neues Leben
tritt von nun an in das Licht,
öffnen wir die müden Augen,
wenn die Zeitenwende spricht.

Neues Lernen, neues Wissen
steht von heute an bereit,
schöpferisch und allumfassend
startet nun die neue Zeit.

Neue Liebe, neue Sonne,
unsre Zeit macht einen Sprung,
alles ändert das Bewusstsein,
und wir werden wieder jung.

Das galaktische Ereignis
schenkt uns große Energie,
eine neue Sicht der Zukunft
offeriert uns Harmonie.

Schwingen höher alle Wellen,
werden Menschen sich bewusst,
mit der großen Zeitenwende
explodiert die Lebenslust.

Menschenrecht

Woher soll ich denn wissen,
wer hier die Wahrheit spricht,
der eine sagte das eine,
der andre steht im Licht.

Es gibt so viel Experten
auf unsrer großen Welt,
die sagen, dass wir sterben,
wenn man sich nicht verhält,

wie die da oben sagen,
doch ist das wirklich wahr?
Der Mensch ist doch kein Unmensch,
das ist so vielen klar.

Wenn's wahr ist, dass wir sterben,
dann lebe ich erst recht
den Rest von meinen Tagen,
das ist mein Menschenrecht.

Dein Problem

Bin ich nicht, wie du erwartest?
Ist mein Tun nicht von Erfolg?
Willst du mich ganz anders haben?
Dann ist das wohl dein Problem!

Kannst du mich nicht wirklich lieben?
Sehe ich bescheiden aus?
Passt dir nicht, was ich so sage?
Dann ist das wohl dein Problem!

Pass ich nicht in deine Regeln?
Bin ich nicht mit dir konform?
Kann den Schein ich nicht so wahren?
Dann ist das wohl dein Problem!

Ich werd mich nie mehr verbiegen!
Ich bin ich und niemand sonst!
Kannst du das denn nicht begreifen?
Dann ist das wohl dein Problem!

So, wie ich war

So, wie ich war, habe ich funktioniert,
ich habe es gelernt von meinen Ahnen,
in der Schule, im Job und überall,
ich hatte mich angepasst,
wie man es von mir erwartete.

So, wie ich war, dachte ich,
es wäre normal und in Ordnung,
mich unterzuordnen, zu gehorchen,
in der Schule, im Job und überall,
wie man es von mir erwartete.

So, wie ich war, glaubte ich,
nach den Sternen greifen zu dürfen,
ohne zu fragen, mich zu entfalten,
doch wurde ich eingezwängt
in das Korsett gesellschaftlicher Zwänge.

So, wie ich war, verlor ich meine Kraft,
bis mir bewusst wurde,
dass ich nur an mich selbst glauben müsste,
dass ich mir selbst vertrauen müsste,
ohne an das Urteil anderer zu denken.

So, wie ich bin, sehe ich mich stark,
ich bin ein wertvoller Mensch
in meiner Einzigartigkeit, authentisch,
liebevoll, mutig, selbstbewusst,
ich habe den Gott in mir entdeckt.

Anpasseritis

In Liebe wurden wir geschaffen,
die Mama brachte uns zur Welt,
als Menschlein wurden wir geboren,
ein neuer, kleiner Superheld.

Wir wurden somit Teil der Menschheit
und brauchten Solidarität,
wir sehnten uns nach wahrer Liebe
von morgens früh bis abends spät.

Wir wollten Lob und Anerkennung
und dachten, danach folgt das Glück,
so wurden wir zu Normopathen,
entfernten uns vom Ich ein Stück.

So wie die Mehrheit denkt und handelt,
erscheint uns plötzlich ganz normal,
auch die Gesellschaft, die perverse,
erleben wir ganz ohne Qual.

Wir rennen, weil nun alle rennen,
wir kaufen, weil man kaufen muss,
bis ein Ereignis wirft uns nieder,
dann ziehen wir zum Strich den Schluss.

Der Lebensstil soll nun gesunden,
wir suchen nach dem eignen Sinn
und kappen jede Selbstentfremdung,
so starten wir den Neubeginn.

Gesundheit

Gesunder Geist, gesunder Körper,
sie beide schenken Lebenslust,
drum sollten wir stets achtsam leben,
das wird mir wiederholt bewusst.

Schon morgens etwas Gutes denken
mit einem Lächeln im Gesicht,
den Zauber dieses Tages sehen,
das stärkt den Geist, erhellt das Licht.

Danach ein Stündchen meditieren
an einem stillvergnügten Ort,
bei frischer Luft im grünen Walde
vergnüglich ist auch etwas Sport.

Den ganzen Tag viel Wasser trinken,
recht heilsam ist so mancher Tee,
Salat und Kräuter mich entgiften,
dem Zucker sagte ich ade.

Ein gutes Buch wird mir nicht schaden,
es weitet jedenfalls die Sicht,
ich spar den Psychotherapeuten
und schreibe lieber ein Gedicht.

Die Mittelchen in meinem Schranke
ersparen mir das Pharmagift,
mir geht es gut seit vielen Jahren,
wie gut, wenn es dich auch betrifft.

Manipulation der Massen

Am besten ist, man schafft ein Feindbild,
dann zeigt man auf, wie bös es ist,
und bombardiert das Volk mit Bildern,
bis es die ganze Sache frisst.

Man lügt gedruckt und auch in Filmen
das Volk den ganzen Tag nun an,
so gibt es nur noch eine Meinung,
verordnet von Herrn Bertelsmann.

Wenn ihr nicht macht, was wir euch sagen,
dann seid ihr schon in Bälde tot,
wir sahen heute tausend Särge,
die Staatsmacht kennt des Volkes Not.

Die Wissenschaft wird euch erretten,
die Forscher testen Tag und Nacht,
sie geben euch die Wunderpillen,
bis jeder von euch dümmlich lacht.

Unerwünscht

Erwünscht ist, was die breite Masse
als Wahrheit durch die Gegend trägt,
geimpft durch alle Massenmedien
und Bildung, die sie hegt und pflegt.

Erwünscht ist, nicht mehr selbst zu denken,
dafür gibt es die Wissenschaft,
die Politik erkennt Essenzen,
die werden täglich dargebracht.

Erwünscht sind täglich Brot und Spiele,
ein Bürger, der als Untertan
vollzieht des Herrschers Staatsbefehle
ganz ohne Fragen simultan.

Erwünscht sind nicht die Fragesteller
der wilden, renitenten Art,
sie wollen keine Diskussionen,
das ist die neue Lebensart.

Erwünscht ist doch ein braver Bürger,
der niemals was in Frage stellt,
und auch die Kunst sei stets vernünftig,
sie wollen keinen Hund, der bellt.

Hurra

Hurra, wir sind im Lockdown!
Das ist so schön.
Da muss der alte Gastwirt
nicht kochen gehn.
Sag, wem fiel der Lockdown ein,
der den Mensch lässt einsam sein,
bis zu seinem wunderbaren Totenschein.

Hurra, wir sind im Lockdown!
Mit viel Applaus.
Da darf der alte Rentner
nicht aus dem Haus.
Sag, wem fiel der Lockdown ein,
der den Mensch lässt einsam sein,
bis zu seinem wunderbaren Totenschein.

Hurra, wir sind im Lockdown!
Wie wunderbar.
Da hört man aus der Glotze,
was heute wahr.
Sag, wem fiel der Lockdown ein,
der den Mensch lässt einsam sein,
bis zu seinem wunderbaren Totenschein.

Herdentiere

Der Mensch ist doch kein Einzelgänger,
er braucht den menschlichen Kontakt,
er braucht Berührung und Umarmung
und auch so manchen Liebesakt.

Der Mensch verkümmert, ist er einsam,
so wird er leib- und geisteskrank,
die Einsamkeit verursacht Qualen
wie eine irre Folterbank.

Die große Angst verstärkt die Wirkung,
bald wird ein jeder depressiv,
die Menschlichkeit beginnt zu schwinden,
ist man allein und inaktiv.

Wozu noch leben? Kommt die Frage,
der Mensch ist doch ein Herdentier,
die Liebe wohnt doch in uns allen,
umarmen wir uns jetzt und hier.

Das war's

Plötzlich spüre ich, wie alles entgleitet,
nichts ist mehr sicher, was gestern war,
Leere macht sich breit, Hilflosigkeit,
Tränen wollen fließen, können aber nicht.

Im Kopf schwirren tausende Winterwespen,
während der Bauch im Sehnsuchtsfieber brüllt,
die Stille ist schneidend wie der Ostwind,
sibirisch ist die Landschaft um mich herum.

Müdigkeit kommt auf, träger Stumpfsinn,
Hunger nach dem Licht in der Dunkelheit,
der Sarg ist zu, in dem ich liege,
gleich schaufeln sie dunkle Erde drauf.

Wie geht es so?

Wie geht es so, ist deine Frage,
du siehst die Tränen im Gesicht
und wartest nicht auf meine Antwort,
denn die begeistert dich wohl nicht.

Dann sprichst du von den eignen Nöten
in deiner Oberflächlichkeit,
ich kann die Phrasen nicht mehr hören,
dir geht es gut in schlechter Zeit.

Du sagst, ich soll mein Denken leben,
das mache ich und bin bereit,
die Maske vom Gesicht zu reißen
mit all der Niederträchtigkeit.

Dann bin ich still und gehe leise,
schenk Segen dir und helles Licht,
was nicht mehr passt, ist wohl zu Ende,
genau so wie in dem Gedicht.

Alles wird gut

Die Zeiten sind zuweilen seltsam,
sie kommen mir erstaunlich vor,
es ist, als laufen plötzlich Filme
ganz in Schwarzweiß, nicht in Color.

Wo Liebe war, da wird gestritten,
die Nähe ist nicht mehr normal,
wo Herzen waren, sind jetzt Steine,
gesichtslos wird es schnell fatal.

Doch steckt die Liebe in uns allen,
hörst du, wie schön dein Herze spricht,
befreist du es von deinen Ängsten,
erblickst du bald ein helles Licht.

Die Lichter, die wir allen strahlen,
erschaffen einen neuen Mut,
gemeinsam werden wir uns finden,
am Ende wird dann alles gut.

Die Macht der Bilder

Was macht ein Bild so eindrucksvoll?
Wie weckt es Emotionen?
Wie dringt es ins Bewusstsein ein,
entstehen Illusionen?

Was löst ein Bild im Menschen aus?
Wie kann man Denken steuern?
Warum filmt man gern Tod und Leid,
statt lachen zu befeuern?

Man nutzt den visuellen Reiz,
der lässt sich besser speichern,
man will mit Virtualgewalt
uns ganz bewusst bereichern.

Ja auch die Werbung spielt damit,
sie zeigt uns eine Lücke,
dann rennen wir zum Kaufhaus hin,
bedienen uns am Glücke.

Im Kino wird die Illusion
noch weiter angehoben,
ein Märchen nicht die Wahrheit ist,
doch sollen wir es loben.

Wer Schönes sieht, ist oft erfreut,
drum möchte ich es wagen,
ich geb den Rat, schaut Schönes an,
lasst euch von Liebe tragen.

Heilungsnähe

Um den Nächsten zu kurieren,
solltest du ihm nahe sein,
seine Haut wünscht sich Berührung,
niemand ist auch gern allein.

Streicheln reduziert die Schmerzen
und stärkt das Immunsystem,
Liebe fördert die Genesung,
ist zudem auch angenehm.

Nähe schafft die Atmosphäre,
die das Wohlbefinden stärkt,
Glückhormone können fließen,
was ein jeder sofort merkt.

Auch die Düfte sind so wichtig
und die Wärme fremder Haut,
so dass Energien fließen,
weil der Heiler uns vertraut.

Alle Ängste werden weichen,
er entsteht ein neuer Mut
zwischen Körper, Geist und Seele,
Heilungsnähe tut uns gut.

Das Geschäft mit der Angst

Die Angst ist eine Ware,
sie bringt 'ne Menge ein,
man muss sie nur verbreiten
und wird Gewinner sein.

Die Angst senkt das Bewusstsein,
man hört nicht auf sein Herz,
an Angst kann man auch sterben,
man spürt schon jetzt den Schmerz.

Der Ängstliche wird kaufen,
was ihm vermeintlich dient,
und bringt das keine Hilfe,
dann wird er neu vermint.

Der Markt hat viel Produkte,
was weg muss, dass muss weg,
der Ängstliche wird zahlen,
das ist sein Lebenszweck.

Die Ängste vor dem Tode
sind wirklich effektiv,
man hört schon auf zu leben,
doch kauft man sehr aktiv.

Mein Lieber, hab Vertrauen
und werde dir bewusst,
die Angst ist eine Ware,
die du nicht kaufen musst.

Einkaufen

Weckerläuten um halb sieben,
Zähne putzen, aus dem Haus,
ohne Kaffee in das Auto,
bis zum Händler geradeaus.

Wagen schnappen und passieren,
links Hygiene für die Hand,
müde Menschen ohne Lächeln
laufen durch das Einkaufsland.

Langsam fülle ich den Wagen
mit den Dingen, die ich brauch,
für vier Wochen muss es reichen,
etwas Wasser hol ich auch.

Angst erfüllt die ganze Halle,
einzig lächle ich allein,
endlich bin ich dann zuhause,
lass den Irrsinn Irrsinn sein.

Marionetten

Es hebt ein tiefes Raunen an
aus tränenwarmen Worten,
ein Wispern schemenhaft fragil,
mir schaudert allerorten.

Konturlos, irgendwie amorph
erscheinen mir die Leute,
gehorsam ist der Untertan
und schleimbenetzt die Meute.

Es breitet sich der Wahnsinn aus,
lethargisch ist die Schwüle,
Entmenschlichung nimmt ihren Lauf,
gespült durch die Kanüle.

Mich wundert leider gar nichts mehr,
der Mensch verliert sein Denken,
drum lässt er marionettenhaft
sich durch das Dasein lenken.

Ohne Gott

Der Tag ist fremd, er drückt auf meine Seele
so wie ein Stein mit seiner schweren Last,
die Lust ist fort, sie sucht ihr altes Leben,
kein Mensch ist hier, nur Masken sind zu Gast.

Sie fordern stets, ich soll nur einsam bleiben,
kein Licht erstrahlt am fernen Horizont,
entmenschlicht ist, die Nähe zu vermeiden,
denn es ist Krieg und ich steh an der Front.

Um mich herum herrscht nur das blanke Grauen,
die Angst erfriert das Leben auf der Welt,
hat mich der liebe Gott denn ganz vergessen,
ich spür, wie Einsamkeit mich heftig überfällt.

Ihr fehlt mir alle

Ich lebe hier und auch im Heute,
doch misse ich mein Café sehr,
die Torten und euch nette Leute
und auch das liebevolle Flair.

Mir fehlt das Recht, euch zu bedienen,
der Gastraum ist vollkommen leer,
seit langem ist kein Mensch erschienen,
ihr fehlt mir, liebe Gäste, sehr.

Mir fehlen auch die Musikanten,
die Maler, Dichter und ihr Volk,
die Neffen, Nichten, Onkel, Tanten,
Gespräche und der Lacherfolg.

Mir fehlt das Menschliche im Leben,
Kontakt und Nähe tun uns gut,
ja, was ich habe, will ich geben.
Was nutzt mir Traurigkeit und Wut?

Kommt, lasst uns miteinander feiern,
vergesst die Angst der letzten Zeit,
wir backen Torten mit zehn Eiern,
sind für die Tortenschlacht bereit.

Lasst uns das Dasein neu entfachen,
verändern wir den Spielverlauf,
wir wollen leben, lieben, lachen
und dabei hält uns niemand auf.

Am Ende

Ich fühl mich energielos,
erschöpft und ausgelaugt,
ich glaube wie erschlagen
und auch wie ausgeraubt.

Ich bin so schlapp und kraftlos,
sehr müde und kaputt,
so unvorstellbar mürbe,
ganz elend und bedrückt.

Es ist so kräftezehrend,
so überraschend schlimm,
ich kann es nicht begreifen,
wie hohl doch alles ist.

Ich sterbe schon im Leben,
die Luft wird langsam knapp,
bin trieblos und phlegmatisch,
ich trete wohl bald ab.

Alte Welt – Neue Welt

Die alte Welt besteht im Rauben,
wo viele arm und manche reich,
das klappt nur durch die tiefe Spaltung,
und Krieg färbt viele totenbleich.

Wir stehlen unsrer Mutter Erde
die Basis unsrer Existenz,
wir sind so weit von ihr entfremdet
durch unsre Werte-Dekadenz.

Wir weigern uns, uns selbst zu finden,
wir lieben unsre Sklaverei
und glauben, dass das Glück wir kaufen,
nur geldlos sind wir wahrhaft frei.

Die neue Welt besteht im Geben,
wo alle sind in Liebe reich,
gemeinsam wir die Welt erschaffen,
denn wir sind unsren Göttern gleich.

Wir pflegen unsrer Mutter Erde,
bis sie in neuer Pracht erstrahlt,
wir werden wieder mit ihr Eins sein,
ein Zauberort, so wie gemalt.

Wir werden zueinander finden,
der Mensch, das Tier, der Baum, das Licht,
wir werden voller Liebe strahlen,
kommt mit, sonst glaubt ihr es mir nicht.

Toller Hecht

Du glaubst, die Wahrheit zu besitzen,
du kennst mich besser als ich selbst,
du bist die Krone aller Schöpfung,
du bist fürwahr ein toller Hecht.

Was du kannst, kann doch niemand besser,
du bist ein Held der Arbeitswelt,
natürlich bist du ein Experte,
du bist fürwahr ein toller Hecht.

Es zählt wie immer deine Meinung,
wer anders denkt, der ist halt dumm,
du liebst dich selbst und zwar am meisten,
du bist fürwahr ein toller Hecht.

Du möchtest, dass man dich bewundert,
dir ist der Mitmensch ganz egal,
natürlich brauchst du auch ein Feindbild,
du bist fürwahr ein toller Hecht.

Manchmal

Manchmal fühlt man sich wie ausgetrunken,
und das Leben fühlt sich an wie Dreck,
manchmal weht die Maske frech vom Zaune,
und dann will man einfach nur noch weg.

Manchmal rast die Zeit vorbei wie Autos,
und die Jugend lacht ganz unbeschwert,
so wie gestern auf den alten Fotos,
und man merkt, wie sich das Uhrglas leert.

Manchmal lebt die Welt so freudetrunken,
wunderbar wie dann das Herze lacht,
überall erblühen Sonnenblumen,
und der dicke Mond strahlt in der Nacht.

Manchmal können wir das Glück entfesseln,
ein Gedanke reicht, schon ist es nah,
um es forsch am Zopfe zu ergreifen,
dafür sind die Glücksmomente da.

Mut ist gut!

Hast du Angst vor kleinen Tieren?
Hört dein Leben auf vorm Tod?
Atme tief und denke heiter,
damit linderst du die Not.

Hast du Angst vor Diktatoren?
Schüchtert dich ein Gegner ein?
Zeig ihm, er kann nichts erreichen,
stehst du selbstbewusst im Sein.

Hast du Angst vor deiner Zukunft?
Bist du stets ein Pessimist?
Glück entsteht im Hier und Heute,
lebe, wie das Leben ist.

Hast du Angst vor neuen Ängsten?
Frage dich, wo ist dein Mut?
Und dann meditiere täglich
aus dem Herzen: Mut tut gut!

Systemrelevant

In Krisenzeiten hört man sagen
- so haben Weise es erkannt -
um die Gesellschaft zu erhalten,
ist mancher Mensch nicht relevant.

Wozu ist denn ein Künstler wichtig,
der hält die Menschheit nicht gesund,
der trällert doch nur seine Lieder
und tut so seine Meinung kund.

Dass Wirte kochen, kann man machen,
doch kochen kann man auch zuhaus,
dazu braucht es kein Wirtshausleben,
das fällt nun systematisch aus.

Und all Freuden muss man meiden,
die braucht der Mensch zur Arbeit nicht,
wozu denn noch ins Kino gehen,
zuhause herrscht die gleiche Sicht.

Doch wichtig sind die Parlamente,
die Banken und die Industrie,
die Polizei und die Beamten,
der Doktor und das liebe Vieh.

Denkt einmal nach, ihr lieben Leute
- kann sein, dass man es schnell vergisst -
wollt ohne Kunst und Lust ihr leben,
nur weil es nicht systemisch ist?

Schlagzeilen

Ein Virus greift die Menschen an,
wir müssen es besiegen
und ziehen in die große Schlacht
auf Brechen und auf Biegen.

Wir bleiben dafür gern zuhaus
und müssen dafür werben,
vor Einsamkeit und Hungersnot
wird dann das Virus sterben.

Wir ziehen uns auch Masken an,
das Virus zu erschrecken,
der Doktor sagt, die Impfung hilft
dem Virus zu verrecken.

Zum Schluss folgt eine Randnotiz
noch vor dem Morgenwetter,
der liebe Gott hat sich gedacht,
er ist der große Retter.

Ein Jahr

Ein Jahr herrscht das Berufsverbot,
ein Jahr lang ohne Feste,
ein Jahr regiert die Anarchie,
ein Jahr nun ohne Gäste.

Ein Jahr ist nun der Laden zu,
ein Jahr lang kein Umarmen,
ein Jahr jetzt im Hygienewahn,
ein Jahr ohne Erbarmen.

Ein Jahr ist auch die Küche kalt,
ein Jahr ganz ohne Torte,
ein Jahr verbreiten sie die Angst,
ein Jahr voll Lügenworte.

Ein Jahr lang ohne Menschlichkeit,
ein Jahr mit toten Plänen,
ein Jahr der Minderwertigkeit,
ein Jahr gefüllt mir Tränen.

Wir machen nicht mehr mit!

Kommt, wir lassen uns nicht testen,
ja, wir machen nicht mehr mit,
die den Scheiß da fabrizieren,
treten wir nun in den Schritt.

Kommt, wir lassen uns nicht impfen,
wir verweigern uns dem Dreck,
gebt euch selber doch die Spritze
und dann seid ihr einfach weg.

Kommt, wir wollen uns umarmen,
Nähe wird die Heilung sein,
haltet Abstand nur vom Reichstag,
dann sitzt der alsbald allein.

Kommt, wir wollen uns verweigern,
bleiben alle schön zuhaus,
wenn wir nicht mehr konsumieren,
ist die Pandemie bald aus.

Beweislastumkehr

Beweise mir, dass du gesund bist,
mach einfach täglich einen Test
und gehe wöchentlich zum Röntgen,
sonst kommst du in den Hausarrest.

Du könntest unbewusst erkrankt sein,
dann steckst du alle andren an,
auch wenn du dich total gesund fühlst,
bist du ein Risiko sodann.

Nur wer beweist, dass er gesund ist,
darf auch in einen Laden rein,
zur Vorsorge trägt er die Maske,
so schützt er sich und andre fein.

Und ein Gesunder lässt sich impfen,
allein aus Solidarität,
damit die Pandemie des Testens
noch ein Jahrhundert weitergeht.

Hast du Angst vor deiner Freiheit?

Hast du Angst vor deiner Freiheit,
doch du fürchtest dich davor,
die Strukturen zu verlassen,
es kommt dir nicht sicher vor.

Hast du Angst vor deiner Freiheit,
fürchtest du Kontrollverlust,
glaubst du nur an Illusionen,
bist du dir nicht selbst bewusst.

Hast du Angst vor deiner Freiheit,
dass das Schicksal, Schicksal spielt,
triffst du für dich die Entscheidung,
hast du auf dein Glück gezielt.

Hast du Angst vor deiner Freiheit,
hör mit dem Bewerten auf,
alles Leiden wird verkümmern,
lenkst du deinen Lebenslauf.

Wellenbrecher

Der Blutdruck rammelt durch die Decke,
das Herz pocht wie ein Hammerschlag,
der Kopf droht bald zu explodieren,
doch das passiert nicht jeden Tag.

Man sperrt uns ein ganz ohne Gründe,
die Freunde sind für uns tabu,
die Polizei, dein Freund und Helfer,
schlägt immer öfter einmal zu.

Von oben ist es längst verordnet,
ist Maskentragen Bürgerpflicht,
nun muss man testen, testen, testen
und doch kein Ende ist in Sicht.

Nach Testen, Testen, folgt das Impfen,
und wer nicht mitmacht, ist ein Narr,
ein unverschämter Virusleugner,
der leidet unter Hirnkatarr.

Der Blutdruck rammelt durch die Decke,
das Herz pocht wie ein Hammerschlag,
der Kopf droht bald zu explodieren,
doch das passiert bald jeden Tag.

Schubladen

Alles hat seine Ordnung.
Dafür gibt es Schubladen,
in die wir hinein packen:
Socken, Unterhosen,
Taschentücher, Briefpapier,
Umschläge, Kontoauszüge
und auch Menschen...

Rechte, Linke, Dumme, Nerds,
Aasgeier, Bettler, Banker,
Blondinen, Politiker, Esoteriker,
Mantafahrer, Golfer, Veganer,
Covidioten, Schlafschafe -
alle schön rein in die
Schubladen.

Eine Schublade ist
des anderen sein Feind,
Klischees werden
erfunden und gepflegt.
Das wird erwartet!
Dafür gibt es die Trennung!

Cui bono? Wem nützt es?
Teile und herrsche.
Schlagen sich zwei die Köpfe ein,
freut es den Dritten.
Darüber nachdenken lohnt?
Denken lohnt überhaupt.
Folge der Spur des Geldes!

Kinderseelen

Kinder möchten fröhlich spielen,
Kinder wollen glücklich sein,
Kinder möchten lauthals lachen,
Kinder lieben Sonnenschein.

Kinder haben Lust zu lernen,
Kinder singen allzu gern,
Kinder machen tolle Sachen,
Kinder sind durchaus modern.

Kinder wollen keine Masken!
Kinder tragen keine Schuld!
Kinder quält man nicht mit Testen!
Kinder sind kein Santanskult!

Kinder brauchen unsre Liebe,
Kinder haben Angst vor Schmerz,
Kinder brauchen kühne Eltern,
Kinder wünschen sich ein Herz.

Schon bald

Du sitzt zuhaus mit deinen Freunden,
es klingelt, und die Polizei
erstürmt mit achtzehn Mann die Wohnung,
das geht ganz fix nun, eins, zwei drei.

So wird ein Mensch schnell zum Verbrecher.
Du sagst, das nennt man Diktatur!
Das kann bei uns doch nicht passieren,
es gibt doch den Verfassungsschwur.

Wer nicht mehr spurt, wird nun verhaftet,
man sperrt ihn in ein Lager ein.
Du glaubst das nicht? Das ist Verschwörung!?
Man muss ab neun zuhause sein!

Man trägt für immer eine Maske,
die ist ja nur zu unserm Schutz,
und wer gesund ist, lässt sich testen,
und impft sich stets zum Eigennutz.

Du glaubst noch immer an das Märchen,
dass die Regierung Gutes will?
Dann halte weiter schön die Schnauze
und bleibe untertänig still!

In deinem Haus Geburtstagsfeier,
es klingelt, und die Polizei
erstürmt mit achtzehn Mann die Wohnung,
das geht ganz fix nun, eins, zwei drei.

Über das Recht

Das Recht ist stets ein Kind der Zeit,
der Stärkere hält's Recht bereit,
der Lehnsherr sagt, der Wald ist mein,
dann sollte das auch rechtens sein.

Ein andrer Herr bestreitet das,
daraus entsteht ein tiefer Hass,
aus bösem Neid wird plötzlich Krieg,
ein dritter Herr erringt den Sieg.

So streitet man um jedes Land,
um Quellen und um Wüstensand,
um Fische in dem weiten Meer,
selbst um den Mond man streitet sehr.

Der Stärkere schreibt so sein Recht,
und wer nichts hat, der bleibt halt Knecht,
und birgt der Boden einen Schatz,
dann wird daraus ein Handelsplatz.

Alles dicht machen

Mein Vorschlag wollte niemand hören,
macht man die Läden alle dicht,
ja wirklich alle, wird sich zeigen,
wer überlebt und wer wohl nicht.

Schließt man zuerst die Kriegsfabriken,
die Tanken und die Bundesbahn,
und sperrt die Menschen ein zuhause,
dann wird uns allen gut getan.

Wir brauchen keine Lebensmittel,
am Ende ist auch die Kultur,
lasst weiter unsre Seele töten,
das Virus fordert die Tortur.

Und wenn wir alle tot am Leibe,
dann zieht das Virus einfach nach,
dann hat die Erde ihre Ruhe,
dann hat ein End das Weh und Ach.

Ein besonderer Tag

Heute ist ein guter Tag,
ich werde einen Menschen treffen,
dieser hat ein großes Herz,
und wir können endlos reden.

Früher war das ganz normal,
heute ist das schon verboten,
hat sich jemand ausgedacht,
denn man will die Freunde trennen.

Liebe hilft und Liebe heilt,
wer das Gegenteil behauptet,
ist im Geiste sehr gestört
oder will die Welt vernichten.

Ich bin frei und weiß Bescheid,
meine Würde ist mir heilig,
niemand darf mein Vormund sein,
drum genießen wir das Leben.

Es fehlt etwas

Jeder Mensch hat das Bedürfnis,
auszusprechen, was ihm fehlt,
er will mal sein Herz ausschütten,
um zu zeigen, was ihn quält.

Mancher Mensch hat gute Freunde,
manche brauchen eine Bar,
irgendjemand, der gut zuhört,
der versteht was ist und war.

Jeder Mensch hat dies Bedürfnis,
niemand ist so gern allein,
und das muss kein Psychologe
oder ein Herr Doktor sein.

Menschen sind Gesellschaftswesen,
Einsamkeit hat niemand gern,
miteinander Sorgen teilen,
wünscht ein jeder sich im Kern.

Worte wurden uns gegeben
für die Kommunikation,
denn das Reden und das Hören
schenkt den Frieden uns als Lohn.

Wenn dir jemand richtig zuhört,
fühlt die Seele tiefes Glück,
so bist du besonders wichtig,
sagt dir dann das Gegenstück.

Kuscheln

Kuscheln ist wie reparieren,
Kuscheln soll so heilsam sein,
Kuscheln ist ein Wundermittel,
Kuscheln kann man nicht allein.

Kuscheln setzt die Glückshormone
in den Kuschelkörpern frei,
Kuscheln weckt die Emotionen,
Kuscheln ist wie Zauberei.

Kuscheln hilft euch zu gesunden,
Kuscheln gibt die Kraft zurück,
Kuscheln schenkt ein langes Leben,
Kuscheln bringt ganz einfach Glück.

Traurig

Es macht mich traurig, wenn ich sehe,
wie man gesunde Menschen foltert,
wie man ganz unverfroren fordert,
dass sie ihr Wohlgefühl beweisen.

Es macht mich traurig, wenn ich sehe,
wie viele dieser Weisung folgen,
wie viele tiefe Ängste tragen,
dass sklavisch sie dem Herrn gehorchen.

Es macht mich traurig, wenn ich sehe,
wie Freunde werden Widersacher,
wie Egoismusblüten treiben,
wie leicht der Nachbar wird verraten.

Es macht mich traurig, wenn ich sehe,
im Lande gilt nur eine Meinung,
schon sieht man Hexen wieder brennen,
im Gleichschritt will man gern marschieren.

Es macht mich traurig, wenn ich sehe,
wie Kritiker zerbrochen werden,
wie Büttel knüppeln völlig Fremde,
wie Menschenrechte nicht mehr gelten.

Es macht mich traurig, wenn ich sehe,
die Rechte, die uns angeboren,
sind leider nicht mehr recht und billig,
wer frei ist, lässt sich nicht versklaven.

Große Müdigkeit

Ich schließe meine Seele zu,
mein Herz fühlt sich allein,
ich weiß nicht, wer hier irre ist,
wie groß ist diese Pein.

So viele Menschen machen dicht,
verschließen sich im Leid,
sie brauchen ihre Sonne nicht
im Sommer, wenn es schneit.

Ich spüre gar kein Leben mehr,
im Stillen würgt ein Schrei,
wo kommen all die Tränen her,
das Leben scheint vorbei.

Wo sind denn all die Freuden hin,
wohin das heitre Glück?
Das Lächeln stirbt in Gänze aus
Kommt es denn je zurück?

Ich träume von der Müdigkeit,
bin nun allein im Haus,
ich leg mich hin und warte drauf,
bläst Gott mein Flämmchen aus?

Bist du anders als die Menge?

Bist du anders als die Menge?
Fühlst du dich als schwarzes Schaf?
Gehst du nicht so gern im Gleichschritt?
Gilt für dich kein Paragraf?

Lebst du nicht in dieser Matrix?
Passt du nicht als Unikat?
Bist du glücklich tief im Herzen?
Säst du deine eigne Saat?

Hast du keine Lust zu kaufen,
Fällst du nicht auf Werbung rein?
Meidest du auch Brot und Spiele
Lebst du gern dein Anderssein?

Lässt du dich nicht mehr verblöden?
Denkst du selber gerne nach?
Und die hausgemachten Ängste
liegen bei dir lange brach?

Hast den Nebel du verlassen?
Siehst du für dich selber klar?
Hast du dich nun selbst gefunden?
Dann geht es dir wunderbar.

Lass dein helles Licht erleuchten!
Strahle deine Liebe aus!
Du bist anders als die Menge!
Fliege hoch, ganz hoch hinaus!

Freiheit und Grenzen

Sprengt die Freiheit alle Grenzen?
Grenzen Grenzen Freiheit ein?
Darf man wirklich alles meinen?
Akzeptiert man Anderssein?

Wenn die Lüge wird zur Wahrheit,
was ist diese Meinung wert?
Was ist, wenn sie weit verbreitet
und ist trotzdem sehr begehrt?

Was ist, wenn die Meinungsmacher
streuen einen Meinungstrend,
um gezielt den Mob zu teilen,
wie man es schon lange kennt?

Ihrer Meinung sind die Guten,
und die Freiheit grenzt man aus,
wenn dann Wasserwerfer werfen,
spenden Gute viel Applaus.

Werden Grenzen überschritten,
tötet man die Menschlichkeit,
wird Faschismus eine Meinung,
macht sich da ein Irrtum breit?

Folgen Meinungen auch Taten,
ist man dann auch tatenfrei?
Sprengt die Freiheit alle Grenzen?
Hier ist Schluss der Fragerei!

Erkenntnis

Die Liebe ist uns angeboren,
die Liebe streckt schon in uns drin,
sie ist in allen urgewaltig
und unser wahrer Lebenssinn.

Der Frieden ist die Frucht der Liebe,
die Angst erzeugt so viel Gewalt,
die Liebe ist ein Grundbedürfnis,
im Frieden wachsen Blumen bald.

Gewalt zielt stets auf Tod und Elend,
im Frieden blüht das Paradies,
im Mitgefühl kann Glück gedeihen,
bereits die Kinder wissen dies.

In uns ist das Bedürfnis Liebe,
der Mensch vermeidet gerne Leid,
die Liebe ist uns angeboren,
für die Erkenntnis wird es Zeit.

Macht braucht dumme Menschen

Die Politik braucht dumme Menschen.
Das Steueramt braucht dumme Menschen.
Die Konsumtion braucht dumme Menschen.
Das Kapital braucht dumme Menschen.

Die Staatsgewalt braucht dumme Menschen.
Gehorsamkeit braucht dumme Menschen.
Der Genderwahn braucht dumme Menschen.
Der Rassenhass braucht dumme Menschen.

Die Religion braucht dumme Menschen.
Die Reichen brauchen dumme Menschen.
Die Zukunftsangst braucht dumme Menschen.
Die Tagesschau braucht dumme Menschen.

Die Liebe braucht die lieben Menschen.
Das Große Glück braucht liebe Menschen.
Der Frieden braucht die lieben Menschen.
Das Leben braucht die lieben Menschen.

Vergangen, vergessen

Alte Lügen aus dem Gestern
sind schon heute ganz vergessen,
wieder höre ich sie bluffen,
ihr seid darauf wie versessen.

Alte Siege, Ehrentage,
lange sind sie her gewesen,
immer höher, schneller, weiter
sie durch Raum und Zeiten pesen.

Waren neulich Sensationen
in den Zeitungen zu lesen,
sind sie nunmehr null und nichtig,
ja das war es wohl gewesen.

Tausend neue Medienknaller
füttern täglich die Geschichte,
doch schon ein paar Stunden später
machen neue sie zunichte.

So viel Gipfel, die da funkeln,
alsbald in der Zeit versinken,
doch der Mensch wird nichts empfangen
außer einem üblen Stinken.

Bleiben wird die wahre Liebe
und die Achtsamkeit des Stillen,
wenn wir uns auf uns besinnen
und den großen Friedenswillen.

Ahnung studiert

Erzähl mir bitte nichts vom Pferd,
woher willst du das wissen?
Binde mir keinen Bären auf,
darauf sei auch geschissen.

Hast du denn Ahnung auch studiert,
bist du noch kein Experte!
Du musst dreimal im Fernseh sein,
wie mir man einst erklärte.

Woher weißt du so gut Bescheid,
wer hat dir das verraten?
Lief dieser auch in meinem Schuh,
kennt jener meine Daten?

Das machte man schon immer so!
Da bist du ziemlich sicher.
Vielleicht hat man stets falsch gemacht,
sag ich mal mit Gekicher.

Ach der Experte hat gesagt...
dem könnte man stets glauben.
Vielleicht gilt ja das Gegenteil,
dann wird der Tor verstauben.

Erzähl mir bitte nichts vom Pferd,
schlüpf erst in meine Schuhe,
dann folge meinem Lebensweg
und lass mich nur in Ruhe.

Der wahre Weg

Der Mensch braucht es, gebraucht zu werden,
das liegt in der Natur,
verliert er sich in Einsamkeit,
dann weint sein Lebenssinn.

Der Mensch braucht es, umarmt zu werden,
weil dies ihm Nahrung schenkt,
Umarmungen sind Therapie,
die machen uns gesund.

Der Mensch braucht es, geliebt zu werden,
das ist sein Lebenssinn,
verschmelzen wir zu jeder Zeit,
erwecken wir das Kind.

Der Mensch wünscht sich, ein Kind zu werden
in jedem Augenblick,
dann spürt er die Lebendigkeit,
das ist sein wahrer Weg.

Verurteilt

Verurteilt zum Nichtstun,
geraubt der Beruf,
es fließen die Tränen
so heiß in der Nacht.

Die Herzen gebrochen,
Vertrauen dahin,
von Freunden verraten,
in schwieriger Zeit.

Wo sind die Begleiter
in Freude und Leid?
Verstorbene Seelen
nach Leben in Angst.

Verurteilt, verlassen,
es lebe der Tod!
Erschlagene Träume,
vergessen in Not.

Lebt wohl, bleibt gehorsam
systemrelevant,
es gibt zwar Verluste,
doch die sind gering.

Verurteilt zum Leiden,
erniedrigt zum Nichts,
wozu all das Leben,
man wird nicht gebraucht.

Frei und fern

Frei sein und fern aller
kranken Gedanken,
die uns wie Spinnen
tagtäglich benetzen.

Schweben so hoch und so frei
wie ein Adler
über die Grenzen
des Landes hinaus.

Leben und lachen
und alles vergessen,
lieben wie irre,
die Herzen vereint.

Wer kann mich halten,
der soll es versuchen,
ich bin so stark
und so mutig und schön.

Frei sein und fern aller
sklavischen Taten
schwing ich mich
zum Licht empor.

Gesund küssen

Wer viel küsst, der lebt auch länger,
denn er küsst sich auch gesund,
alle lieben es zu küssen,
dafür braucht es keinen Grund.

Warum küssen wir so gerne?
Ist das nicht total egal?
Weil es Spaß macht und Vergnügen
nicht nur bei der Partnerwahl.

Wer das Küssen will erforschen
in der faden Wissenschaft,
der versteht nichts von der Liebe
und der großen Leidenschaft.

Ob beim Küssen Nervenzellen
feuern Daten zum Verstand,
bis die irren Endorphine
wirken rauschhaft elegant.

Wer sich küsst, der spürt ein Beben,
und die Stimmung steigt enorm,
unser Herz beginnt zu rasen,
so ein Kuss bringt uns in Form.

Küssen wirkt immunisierend
und vermindert dazu Stress,
lasst uns küssen ohne Pause,
treiben wir es zum Exzess.

Empathielos

Kennst du die, die stets nur fordern?
Du bist ihnen ganz egal.
Und sie glauben, recht zu haben,
sie verspüren keine Qual.

Sie sind blind für deine Leiden,
ihre Emotion ist kalt,
denn sie denken an sich selber,
ihr Freund ist ein Rechtsanwalt.

Sie sind völlig egoistisch
und sind nur auf sich bedacht,
kalt und herzlos ist ihr Handeln,
und sie spielen mit der Macht.

Um zu kriegen, was sie wollen,
sind die Mittel einerlei,
darum meide diese Menschen,
mach dich von den Bösen frei.

Der wertvolle Mensch

Das Ego drängt sich gern nach oben,
drum liebt es seine Titel sehr,
und hat es sich einmal erhoben,
dann hält es sich oft auch für mehr.

Ob Generäle, Präsidenten,
ob Kaiser, König oder Graf,
das Ego lässt sich gerne feiern
von seiner Herde, Schaf für Schaf.

Der Papst scheint päpstlicher zu kacken
als jeder Herr Kommerzienrat,
ein Doktor ist im weißen Kittel
auch göttlich ohne Zölibat.

Ich scheiß auf eure ganzen Titel,
für mich zählt nur die Menschlichkeit,
wer Liebe gibt mit warmen Herzen,
braucht keinen Titel weit und breit.

Vision

Glocken läuten auf der Erde,
Tauben fliegen in die Luft,
überall nur Freudenrufe
und ein Räucherkerzenduft.

Menschen, die sich sanft umarmen,
viele tanzen froh und frei,
Blumen blühen in den Himmel,
Freudenschrei auf Freudenschrei.

Schiffen fahren durch den Himmel,
darauf ganz groß Frieden steht,
auch die blaue Erdenflagge
frohmütig im Winde weht.

Liebe wirkt wie neu geboren,
breitet sich mit Freuden aus,
alle Menschen sind Geschwister
hier in ihrem Erdenhaus.

Wenn wir alle es nur wollen
zieht der Frieden bei uns ein,
dazu braucht es nur den Willen,
lasst uns nun harmonisch sein.

Weltspiele

Wer lügen will, muss stets beachten,
erst sagt man das, was man nicht meint,
es wird nie eine Impflicht geben,
doch nichts ist so, wie es nun scheint.

Jetzt warnt man, dass die Ungeimpften
nicht Teil von diesem Lande sind,
denn als Zerstörer aller Freiheit,
sind sie dem Volk nicht wohl gesinnt.

Und irgendwann erbaut man Lager,
dort sperrt man diese Feinde ein,
die Diktatur der Pharmafirmen
wird nicht mehr zu verhindern sein.

Du glaubst, ich sei nur ein Verschwörer,
dann sieh dir ihre Pläne an!
Die Globalplayer spielen Spiele,
die kaum man mehr verhindern kann.

Achtung vor allem Leben

Lasst uns die Achtung vor dem Leben
gemeinsam alle Tugend nennen,
sie macht die Menschenherzen friedlich,
wenn sie zum Frieden sich bekennen.

Wir leben Leichtigkeit und Würde,
verfolgen Edelmut und Glück,
wir sagen alle nur die Wahrheit,
das ist des Menschen Meisterstück.

Der Sinn des Seins ist unser Leben,
wir heilen es von allem Leid,
erfreuen uns am Hier und Heute
und leben so in Achtsamkeit.

Wir tragen in uns die Begabung
für Liebe, Freiheit, Harmonie,
lasst uns das Herz mit Weisheit füllen,
dann leben wir so schön wie nie.

Komm mit

Komm, ich lade dich heut ein:
Lass uns gemeinsam friedvoll sein,
wir laden noch den Nachbarn ein
und sind dann friedlich im Verein.

Wenn dieser Frieden expandiert,
dann wird das Dorf auch involviert,
erst wenn wir alle infiziert,
der Frieden auch im Kreis agiert.

Lebt unser Kreis den Frieden aus,
dann spendet uns das Land Applaus,
der Frieden währt jahrein, jahraus
mit unserm Volk in Saus und Braus.

Das mögen alle Völker sehr,
die Frieden weht hinaus aufs Meer,
und dort, wo es noch friedensleer,
verbreitet er sich kreuz und quer.

Auf einmal ist die ganze Welt
auf Frieden nur noch eingestellt,
was int'ressiert uns Gold und Geld,
wer friedlich ist, der ist ein Held.

Damit die Liebe irgendwann,
in allen Herzen wohnt sodann,
fragt irgendwann ein jedermann,
wie er dem andern helfen kann.

In Freiheit zu denken

In meinem Denken bin ich frei,
wer will mich daran hindern?
Jedoch beeinflusst bin ich schon
vom dem, was mich umgibt.

Und sage ich, was ich so denk,
wer will mir das verbieten?
Vielleicht fühlt sich irgendwer gestört,
dann scheint es nicht zu passen.

Denn der mich mag, den stört es nicht,
da darf ich auch was sagen,
und so entsteht die Leichtigkeit,
die Leichtigkeit des Seins.

Die Weisen gehen in den Garten

Die Dummen glauben, was sie sagen,
sie saugen ihre Worte auf,
sie sind die besten aller Sklaven,
sie tragen Masken auch zuhauf.

Die Schlauen warten, was sie sagen,
und hören sich auch andre an,
doch sind sie gute Untertanen,
es ist ein jeder Ehrenmann.

Die Weisen gehen in den Garten
und werden selbst zur Frohnatur,
die Welt ist Werden und Vergehen,
der Garten bleibt als Hochkultur.

Glaube nichts

Ein Weiser sagt dir seine Weisheit,
ein anderer das Gegenteil.
Es ist an dir nun abzuwägen,
was ist der Weisheit letzter Schuss.

Ein Sprecher sagt dir seine Wahrheit
und zeigt dir Bilder aus der Welt.
Können denn Fernsehbilder lügen?
Was ist in Wahrheit wohl passiert?

Und alle denken eine Richtung,
die Bibel lügt doch nicht, warum?
Ein Kind beginnt ganz laut zu rufen:
Der Kaiser hat doch gar nichts an.

Was andre glauben, ist nicht wichtig!
Glaub nur, was du auch selbst erkannt!
Was du mit Liebe hast erfahren,
mach dich von allem Einfluss frei.

Zwei Blicke in die Zukunft

Jenseits der Haustür hausen Kohorten:
dort die Weißen, dort die Schwarzen,
nicht weit fort die Gelben, ängstliche
Männer, Frauen, Kinder, Familien,
geimpfte, getestete,
genesende, gegenderte Konsumierende -
separiert die übrig gebliebenen
gesunden Verweigerer.
Die Puppenspieler halten die Fäden
für ihr Spiel der vielen Lager,
die sie gegeneinander hetzen.

Jenseits dieser Welt öffnet sich
das Paradies der Menschen,
die gemeinsam lachen,
ihre großen Talente ausleben,
in Harmonie mit der Natur sind,
ihre Gesichter leuchten
selbstbewusst wie die Sonne
den großen Frieden in die Welt.
Ihr fragt mich:
Wo sind die Puppenspieler?
Ihnen hat Garten Eden nicht gefallen.

Es schließt sich die Tür

Wir müssen nun die Türen schließen
und danken jedem Cafégast,
der in den Jahren ist gekommen,
zu halten eine Tortenrast.

Wir danken auch den vielen Freunden,
die bei uns nahmen Speis und Trank,
wir konnten miteinander lachen,
drum hier noch einmal unser Dank.

Wir danken all den tollen Künstlern,
sie machten viele Herzen froh,
oft waren hier noch vielmehr Gäste
als Einwohner in Haberloh.

Wir danken allen Unterstützern,
auch denen, die nun nicht mehr da,
die schöne Zeit geht nun zu Ende,
dafür gesorgt hat Angela.

Schock

Es ist nicht immer alles schön,
besonders in den Krisenzeiten,
da spürt man gerne Empathie
und hat nicht Lust, auch noch zu streiten.

Doch was so manchem widerfährt,
ist einfach nicht mehr schön zu nennen,
da wünscht man jemandem den Tod
und würde Hexen gar verbrennen.

Wie tief verwurzelt ist die Angst
in vielen unsrer Zeitgenossen,
was gestern noch undenkbar war,
wird heute kurzerhand beschlossen.

Es ist fast wie zur Ritterzeit,
die Ketzer tragen neue Namen,
benebelt wird so manches Hirn,
beschließt der König – Schluss und Amen.

Das Frühstück

Zwei Freunde luden uns heut ein,
bei einem Frühstück Gast zu sein,
wir gingen froh in ein Lokal
von ihrer allerbesten Wahl.

Wir nahmen Platz im Sonnenschein,
die Aussicht war besonders fein,
im Süden floss der Weserfluss,
der Tag versprach uns viel Genuss.

Der Kellner brachte Sekt zum Tisch:
auf dem Büfett ist alles frisch,
doch herrscht bei uns ein neuer Brauch,
man füllt sich nur mit Helm den Bauch.

Das sahen wir dann doch nicht ein,
ein Helm – und sei er noch so fein –
ist großer Unsinn und er stört,
weil er viel Leid herauf beschwört.

Wir fuhren deshalb schnell zurück,
bereiteten ein Frühstücksglück
ganz ohne Helm und sonst etwas,
so macht das Leben richtig Spaß.

Erderwärmung

Sechzehn Grad Mittagsglut
an den heißen Augusttagen
mit einer Novemberausstrahlung,
Luftfeuchtigkeit: einhundert Prozent.

Ich überlege, ob ich über den
Neoprenanzug einen Pelzmantel
tragen soll? Sag, Wettermann,
wird es bald Schnee geben?

Wie? Wir wohnen im Norden?
Nahe am eisigen Pol?
Und die Erderwärmung ist
an allen Wetterlagen Schuld?

Richtig so, der Supermarkt
biete Spekulatius an!
Dank Erderwärmung:
Bald nun ist Weihnachtszeit.

Schwerverbrecher

Ich befolgte nur Befehle,
was ich tat, tat ich nicht gern,
ich erschoss wohl tausend Menschen,
aber immer nur von fern.

Glaubt, ich hatte meine Pflichten,
dafür schwor ich einen Eid,
warf nur Bomben auf die Dörfer
in der Gottverlassenheit.

Nein, es war nicht meine Absicht,
doch ich habe es getan,
andere zu massakrieren,
ist ein absoluter Wahn.

Sicher waren es nur Spiele
mit der Drohne am PC,
einen Menschen hinzurichten
tut am Bildschirm gar nicht weh.

Es sind feierliche Pflichten,
wo man auch sein Leben wagt,
manchmal muss du dich auch opfern,
weil du tust, was man dir sagt.

Um dein Leben zu erhalten,
gebe ich hier einen Tipp,
tu niemals, was dir gesagt wird,
sonst machst du den Horrortrip.

Frei

Ich möchte für mich frei entscheiden
und will nicht, dass ein andrer denkt,
er könne über mich verfügen,
so wie er meint und unbeschränkt.

Ich bin ein Mensch und niemals Sklave,
was bildet sich so mancher ein?
Mich schubst man nicht, ich habe Würde,
glaubt jemand mehr als ich zu sein?

Mir sagt man nicht, was soll ich tragen,
ich ziehe an, was mir gefällt,
und was ich denke, werd ich sagen,
bis dass der Kaiser bloßgestellt.

Ich werde nicht den Schafen folgen
und will kein Arsch vor dem Gesicht,
ich bin als freier Mensch geboren
und deshalb schreib ich das Gedicht.

Es gibt so viele

Es gibt so viele Menschen,
die leben nur, um Geld zu horten,
man brachte ihnen Ehrgeiz bei,
sie lieben die Karriereleiter.

Es gibt so viele Menschen,
die leben nur in Aggressionen,
man brachte ihnen Feindschaft bei,
sie kämpfen nur ums Überleben.

Es gibt so viele Menschen,
die leben nur als Egoisten,
man brachte ihnen Raffsucht bei,
sie hungern nach der wahren Liebe.

Es gibt noch viel mehr Menschen,
die können ihre Liebe leben,
sie tragen in sich Potential,
die Liebe in der Welt zu mehren.

Ihr nicht!

Ihr wollt mir meine Freiheit rauben?
Das könnt ihr aber nicht.
Die Freiheit wohnt in meinem Herzen,
woraus sie ewig spricht!

Ihr wollt mir meine Würde nehmen?
Da lache ich nur laut!
Die Würde selbst ist unantastbar,
ich bin daraus gebaut.

Ihr wollt mir meine Liebe stehlen?
Schaut in mein Herz hinein!
Darin wohnt meine Liebessonne,
sie wird nie dunkel sein.

Ihr wollt mein Wohlbefinden stören?
Da mache ich nicht mit!
Behaltet eure Pharmagifte,
ich halte mich selbst fit.

Ihr wollt mir meinen Geist zerbrechen?
Mein Geist ist viel zu groß,
und er erkennt die viele Lügen,
die tief und bodenlos.

Ihr wollt ein neues Reich erschaffen,
das tausend Jahre währt?
Das letzte hielt nur ein paar Jahre,
es war wohl auch verkehrt.

Von Liebe und Hass

Ein Mensch, der sich nicht selber liebt,
der wird sich hassen müssen,
das Leben lässt ihm keine Wahl,
so geht es ihm beschissen.

Ein Mensch, der sich nun selber hasst,
der hat auch viele Feinde,
er ist voll Wut und voll Gewalt
und grollt der Weltgemeinde.

Wie kann ein Mensch, der sich nicht liebt,
auf fremde Liebe hoffen?
Die Liebe ist wie guter Wein,
man trinkt und ist besoffen.

Ein Mensch, der reinen Herzens liebt,
kann sich besonders lieben,
er wird die Morgensonne sein
in Göttlichkeit geschrieben.

Wie schaff ich das?

Wie werde ich im Denken frei?
Wie kann unabhängig handeln?
Wie steig ich aus der Knechtschaft aus?
Wie wehre ich mich gegen Böses?

Wie weiche ich dem Ärger aus?
Wie kann ich unbeeinflusst leben?
Wie nähre ich das eigne Glück?
Wie kann ich meine Liebe teilen?

Wie schütze ich mich vor dem Staat?
Wie hüte ich mich vor den Lügen?
Wie nutze ich mein Menschenrecht?
Wie schaff ich ein gerechtes Dasein?

Wie finde ich Gelassenheit?
Wie kann ich mich vom Müll befreien?
Wie kann ich endlich ich nur sein?
Wie komme ich zum Seelenfrieden?

Innen

Die Leser*innen sollen wissen,
ich finde *innen recht bescheiden,
so provoziert man Schlechtgewissen,
das würde ich auch hier beeiden.

Die Frau*innen und Männer*innen
und auch die anderen Geschlechter,
ens Einkaufwagens buten, binnen,
ens Sprachidiotens ist gerechter.

Ästhetisch wird so sehr gerungen,
man könne Lesys auch benennen,
sind wir von *innen erst durchdrungen,
wird ens nicht Weib und Mann erkennen.

Das Bibel wird dann umgeschrieben,
ens Gott*innen tat sich wohl irren,
die Nächsten*innen sollst du nun lieben,
bis dass im Hirn die Zellen klirren.

Anstalt in Gründung

Ich werde eine Anstalt gründen
des öffentlichen Rechts,
damit ich Poesie verbreite,
das ist ja wohl nichts Schlecht's.

Ich werde sie beim Namen nennen
als Poesieanstalt,
ein Beitrag liegt im Volksint'resse,
ein kleiner fürs Gehalt.

Dann zahlt ein jeder einen Euro,
das ist nicht weiter schlimm,
wer will, kann die Gedichte lesen,
die ich dafür bestimm'.

Vielleicht vergrößern wir die Anstalt
dann auf Europa aus,
dann ernten ein paar mehr Poeten
von allen viel Applaus.

Die Pest der Studierten

Die neue Geisteskrankheit
greift die Studierten an,
besonders Professoren
erkranken oft daran.

Es gibt so viele Forschung
nach einer Therapie,
es zittern die Studierten
vor dieser Angstphobie.

Sie tragen eine Larve
und machen einen Test,
die wundersame Spritze
gibt ihnen dann den Rest.

Auch Daten, die beweisen,
die Erde ist doch rund,
wird hiermit widerrufen,
das ist doch nicht gesund.

Sie werden alle sterben,
wenn das so weiter geht,
dann wieder auferstehen,
so sagt es der Prophet.

So lange sie hysterisch
verkünsteln ihr Problem,
genieße ich die Aussicht
und mach es mir bequem.

Des Menschen wahre Wahrheit

Erwartungen geweckt, gab es ein Treffen,
ich ging dorthin, und dort gab es ein Nein,
die Zeit verloren für den großen Unsinn,
ich meinte dann, es hätt nicht sollen sein.

Erst waren die Gefühle voller Trauer,
des Menschen wahre Wahrheit sticht ins Herz,
dann habe ich das Böse gehen lassen,
schon bald darauf verflog der Seelenschmerz.

Der Dunkelheit entfloh ich in das Lichte,
dort breitete die Liebe sich schnell aus.
Wie wunderbar! Es gibt noch gute Menschen,
dort findet selbst der Teufel kein Zuhaus.

Wo lachend sich die Menschen nun umarmen,
und sich Gespräche ranken um das Glück,
dort, wo die Menschen wahre Wahrheit leben,
findet der Mensch zur Menschlichkeit zurück.

Richtig reiche Menschen

Wir richtig reichen Menschen
sind körperlich gesund,
wir können uns selbst heilen,
dann läuft der Körper rund.

Wir richtig reichen Menschen
ernähren unsern Geist
mit exzellenter Nahrung,
die auch ein Weiser speist.

Wir richtig reichen Menschen
beschenken alle gern
mit Liebe, die wir haben,
ob nahe oder fern.

Wir richtig reichen Menschen
strahlen nur Ruhe aus,
in uns wohnt Seelenfrieden,
der schmückt das ganze Haus.

Gleich

Es galt noch immer der Gedanke,
wir sind vor dem Gesetze gleich,
ob Männer, Frauen, Dicke, Dünne,
ob Arme oder mächtig reich.

Es ist nach dem Gesetz verboten,
dass man den Gleichsatz übersieht,
dass man den Mensch aus einem Grunde
mit einem Nachteil überzieht.

Ganz plötzlich jedoch darf nicht jeder
in eine Gaststätte hinein,
die Gastlichkeit ist aufgehoben,
so redet es die Macht uns ein.

Denn Gleiches gilt nur noch für Gleiche,
wozu denn dann noch ein Gesetz?
Und alle, die nun Beifall klatschen,
befinden sich bereits im Netz.

Wahlabend

Sie hocken dicht an dicht zusammen
und starren auf den Monitor,
sie flüstern, staunen oder kreischen,
das kommt dem Wähler seltsam vor.

Es geht hier um die fette Beute,
fünf Jahre ist man ausgesorgt,
kassiert man nur genügend Stimmen,
da wird Champagner laut entkorkt.

Hier wird getrauert, da gefeiert,
so manches Mal wird auch geflucht
und jeder, der im Parlamente,
hat schon den Wagen ausgesucht.

Die so genannten Volksvertreter
bekommen eine Menge Geld,
und ihre Renten werden üppig,
ich glaub, die besten auf der Welt.

Gestorben

Ein Hofcafé ist nun gestorben,
so viele Jahre lud es ein
man fühlte sich im Paradiese
bei Sonne und im Kerzenschein.

Die Gästeschar aus vielen Ländern,
sie fühlte sich im Café wohl,
die Liebe weilte hier am Orte,
hier war ein wahrer Ruhepol.

Es war der Mittelpunkt der Erde,
die Quelle süßer Poesie,
hier wurden Gäste auch zu Göttern
bei grenzenloser Fantasie.

Doch dann beschlossen die Experten:
ein Café schenkt dem Gast die Not,
es wurde daraufhin geschlossen,
nun ist das Cafe selber tot.

Kein Verzicht

Ich muss nicht alles haben
und brauche nicht sehr viel:
ein Heim, dass ich nicht friere,
Gesundheit, die stabil.

Ich koche selber Essen,
weil es am besten schmeckt,
ich gehe nicht ins Kaufhaus,
in ihm der Wahnsinn steckt.

Ich brauche keine Ferne,
das Gute liegt so nah,
ich lese gerne Bücher,
die hab ich immer da.

Ich brauche keinen Anzug,
ein T-Shirt reicht mir wohl,
ich trage auch nur Turnschuh,
das ist mein Monopol.

Ich hab kein Gold und Silber
und brauch auch keine Uhr,
mir reichen goldne Blätter
in mitten der Natur.

Ich habe meinen Frieden
und bin von Herzen reich,
ich muss auf nichts verzichten,
bin so den Göttern gleich.

Müde

Manchmal bin ich es so müde,
Mensch zu sein in dieser Welt,
Energie wird mir entzogen,
auch wenn mir es nicht gefällt.

Bin umgeben ich von Zombies
ohne Lachen, voller Frust,
muss ich in den Wald entfliehen
für die eigne Lebenslust.

Den Geruch von großer Fäulnis
breiten diese Sklaven aus,
untertänig, leisetretend
vegetieren sie als Maus.

Ein Gespräch ist nicht mehr möglich,
gleichgeschaltet ist ihr Sinn,
Lemminge sind sie geworden,
ziehen zu dem Abgrund hin.

Müde macht das Negative,
das mich überall umgibt,
wach hält mich die kleine Gruppe,
die das Leben wirklich liebt.

Es fängt ganz langsam an

Unantastbar ist die Würde,
so heißt es im Grundgesetz,
gilt das auch für alle Menschen
immer noch im Hier und Jetzt?

Sind Gespritzte bessre Menschen?
Steigert Serum ihren Wert?
Während sie nun gut geschützt sind,
ist ihr Leben unbeschwert?

Plötzlich wird das G erfunden,
das grenzt den Gesunden aus,
frevelhaft ist sein Benehmen,
was nimmt dieser sich heraus?

Die Gesellschaft wird gespalten,
nur der Gute kriegt den Pass,
wer nicht mitmacht, ist ein Teufel,
langsam wird die Sache krass.

Langsam, langsam, aber sicher
fängt die Diffamierung an,
wer nicht mitmacht, ist nicht würdig,
sagt auch der Regierungsmann.

Alle haben eine Meinung,
dabei schießt doch keiner quer!
Wollt ihr Hexen brennen sehen?
Dann ruft schnell den Henker her!

Die Zeit ist wie im Irrenhaus

Die Zeit ist wie im Irrenhaus,
ein wenig schizophren,
die Menschen rasten langsam aus,
das ist nicht wirklich schön.

Es denkt sich jemand Böses aus
und propagiert das dann,
er schlägt die Leute tausend Mal
mit Lügen in den Bann.

Mit Angst regiert er diese Welt,
er schüchtert alle ein,
wer Freiheit will, der wird bestraft,
so soll es ewig sein.

Und so marschiert im Sammelwahn
der Mensch ins Irrenhaus,
der Teufel gibt die Richtung vor,
er macht sich nichts daraus.

Statt Liebe herrscht die pure Angst,
er stirbt, bevor er lebt,
der ein sperrt den andern ein,
der ihm das Grab nun gräbt.

Die Menschlichkeit verliert an Wert,
die Dummheit wird zur Macht,
die Zeit ist wie im Irrenhaus,
wer hätte das gedacht.

Diktatur ist einfach

Man braucht zuerst den bösen Feind,
den Killer aller Seelen,
den bläst man mit den Medien auf,
wir starren angstvoll nur darauf,
dann wird man Tote zählen.

Wie wehren wir den bösen Feind,
den Mörder unsrer Alten?
Man schließt sich still zuhause ein,
ein jeder soll nun einsam sein,
man muss sich still verhalten.

Wie töten wir den bösen Feind,
wir bringen ihn zur Strecke
mit wohl dosierter Alchemie,
Arm her, Arm hoch in Apathie,
der Feind dient einem Zwecke,

wozu dient denn der böse Feind,
er freut die Diktatoren?
Der Führer macht nun, was er will,
ein ganzes Volk ist mäuschenstill,
Gehirn ist eingefroren.

Götter in Weiß

Sie müssen ewig lang studieren
den Menschenleib von Kopf bis Zeh,
dann können sie ihn reparieren,
das tut dem Kranken manchmal weh.

Die Menschen hoffen auf ihr Wissen,
denn niemand ist mit Freuden krank,
ein Doktor heilt oft sehr beflissen
und erntet dafür großen Dank.

Die Götter haben sich verwandelt,
sie haben nunmehr keine Zeit,
der Mensch wird maschinell behandelt,
das kostet eine Kleinigkeit.

Der Menschenleib verkommt zur Ware,
nur Kranke bringen den Gewinn,
Gesunde oder tot auf Bahre
ergeben Menschen keinen Sinn.

So manche Krankheit wird erfunden,
damit die Pharma Kunden hat,
die vielen Ärzte lernen Stunden,
was bringt es ein, das Präparat.

Ein Heiler hilft mit trauter Nähe,
er nimmt sich für den Kranken Zeit,
wenn ich zu Fließbandgöttern gehe,
stimmt mich das mit Bedenklichkeit.

Wertschätzung

Jeder Mensch, der mir begegnet,
ist für sich ein Unikat,
dessen Wert ich wahrlich schätze,
ja, das ist ein Postulat.

Augenhöhe ist mir wichtig,
und ich höre gerne zu,
Neues kann ich so erfahren,
Weisheit ist ein großer Clou.

Freundlichkeit verteilt ein Lächeln,
das bedeutet Sympathie,
eine herzliche Umarmung
ist besondere Magie.

Eine Überraschungsgabe
kommt bei Freunden immer an,
manchmal ist es auch ein Anruf,
der den Freund erfreuen kann.

Wisst ihr, ihr seid mir so wichtig,
dass ich euch mal sagen muss,
ihr seid Teil von meinem Leben,
deshalb fass ich den Beschluss:

Heute möchte ich euch danken,
bei euch fühle ich mich wohl,
danke, dass ihr mich begleitet,
jeder Mensch ist ein Idol.

Fort mit den Tyrannen

Fort mit denen, die mich zwingen
in ihr eisernes Korsett,
fort mit denen, die versklaven,
fegt sie alle vom Parkett!

Fort mit denen, die erfinden
ein Gesetz der Tyrannei,
fort mit denen, die erpressen
Menschen, die im Herzen frei.

Fort mit denen, die verhaften
jeden, der nur anders denkt,
fort mit denen, die befehlen,
das man Andersdenker hängt.

Fort mit denen, die noch glauben,
sie sind mehr als andre wert,
fort mit denen, wir sind viele,
unbarmherzig ist das Schwert.

Abpfiff

Wir spielen nicht mehr eure Regeln,
wir haben keine Ängste mehr,
wir lassen uns nicht von euch steuern,
wir lieben unsre Freiheit sehr.

Was wollt ihr denn, ihr armen Irren
mit eurem Geld und eurer Macht?
Das Leben geht nicht mehr so weiter,
wenn jedes unsrer Herzen lacht.

Wir lassen uns nicht weiter täuschen,
wir sind viel stärker, als ihr denkt,
die Liebe lässt sich niemals spalten,
ihr werdet alle aufgehängt.

Wir lassen uns nicht länger drohen
und haben längst die Schnauze voll,
verpisst euch nur, ihr Parasiten,
vorbei das Spiel, nun wird es toll.

Wir wollen endlich Frieden

Wir wollen alle nur den Frieden,
kommt, nun entsagen wir dem Hass,
wir hören nie mehr auf die Hetzer,
denn auf die Herzen ist Verlass.

Die Menschen haben keine Feinde,
der Unmensch putscht die Leute auf,
sich gegenseitig zu misstrauen,
und manche hören auch darauf.

Wann werden wir die Welt verstehen?
Wer spaltet hat nur eins im Sinn,
er will die Einigkeit verhindern,
denn Frieden ist der Hauptgewinn.

Es ist genug der Grausamkeiten,
wir üben nun die Menschlichkeit,
wir wollen alle nur den Frieden
auf ewig und für alle Zeit.

Schaut, schaut!

Schaut euch nur diese Witzfiguren
in unserer Regierung an,
die einfach nur noch Nonsens treiben
als geisteskranker Staatstyrann.

Die Medien bringen mich zu Lachen,
wer denkt sich solche Witze aus,
die Scherze werden noch skurriler,
der Reichstag ist ein Irrenhaus.

Sie widersprechen sich so gerne
in einer Sendung fünf-, sechsmal,
erzählen ihre Lügenmärchen
wie ein Münchhausen ohne Zahl.

Es gibt noch Leute, die das glauben,
das ist doch Comedy total,
wer glaubt noch diesen Witzfiguren,
wir sind doch in der Überzahl!

Meuterei der Denker

Im einem Selbstgespräch der Seele
fängt unser aller Denken an,
es ist besonders schwere Arbeit,
die man sich wahrlich denken kann.

Zur Liebe wurden wir geboren
ein jeder Mensch als Unikat,
zum Denken hat man uns erkoren,
zu einer gute Menschentat.

Manch einer lässt viel lieber denken
und schließt sich dann der Meinung an,
das ist bequem und spart viel Arbeit,
er bleibt ein braver Gottesmann.

Wer selber denkt, wird selber handeln,
das Denken macht ihn groß und frei.
Wann kommt die Meuterei der Denker?
Ich wäre gerne mit dabei!

Ich bin ein König

Sie sagten mir, ich muss es haben
und dies und das dafür auch tun,
dann würde ich es auch bekommen,
so forderte es der Tribun.

Dann merkte ich, es macht nicht glücklich,
es wurde mir alsbald zur Last,
ich kaufte, kaufte, kaufte, kaufte,
so hab das Leben ich verpasst.

Ich fiel auf all die Propaganda
so viele Jahre stets herein,
dann folgte ein Aha-Erlebnis,
von nun ab sollt es anders sein.

Ein Waldspaziergang schenkt mir Reichtum,
der Aufenthalt in der Natur,
ich seh die tausend Tageswunder,
die schenken mir nun Freude pur.

Die wunderbaren Zwiegespräche,
die ich mit meinen Freunden hab,
Umarmungen und wahre Nähe,
die runden meine Freuden ab.

Wir kochen wahre Leckereien,
genießen Zeit bei einem Wein,
das Glück besteht in den Momenten,
so werden wir ein König sein.

Wie geht es euch?

Wie geht es euch in diesen Zeiten?
Kennt ihr nur dieses eine Wort,
das täglich tausendmal genannt wird,
zu jeder Zeit, an jedem Ort?

Wie geht es euch mit euren Ängsten,
die man tagtäglich kräftig schürt?
Hat denn das Leben eine Zukunft,
was wird als nächstes eingeführt?

Wie geht es euch in euren Liebe?
Lebt ihr sie leidenschaftlich frei?
Wie habt ihr es mit großer Nähe,
seid ihr beim Abstand mit dabei?

Wie geht es euch in eurer Freiheit,
wenn man euch täglich kontrolliert?
Wird dieser Wunsch nach Überwachung
in euren Herzen akzeptiert?

Wie geht es euch mit eurem Zweifeln,
wem glaubt ihr, was ist wirklich wahr?
Habt ihr denn alle Angst vorm Sterben?
Zu leben ist so wunderbar!

Leben grenzenlos

Entlassen in die Freiheit,
geboren in die Welt,
zu leben ohne Grenzen
so wie es uns gefällt.

Entwickeln sich die Träume,
wächst in uns der Verstand,
getragen von der Liebe,
lebt in uns ein Gigant.

Dann sperrt man uns in Grenzen
wie im Gefängnis ein,
man lehrt uns fremde Muster,
um Sklave nun zu sein.

Gesteuert das Verhalten,
verblödet ist der Geist,
die Zellen sind marode,
die Sinne sind verweist.

Ein Leben wie bei Toten
so völlig ohne Sinn,
da kommt von Gott ein Zeichen
für einen Neubeginn.

Ein Gieren nach Ekstase
nach wahrer Lebenslust
durchflutet unsre Seele,
macht grenzenlos bewusst.

Der Weg zur Freiheit

Ängste machen uns so hilflos,
und wir fühlen uns gelähmt,
kalter Schweiß beginnt zu rinnen,
auch das Herz rast wie von Sinnen,
wird das Denken ungezähmt.

Plötzlich glauben wir zu sterben,
und der Tod erscheint uns nah,
unsre Welt gerät ins wanken,
ja, wir hören nur von Kranken,
Nachrichten von Cholera

Lasst uns an die Zukunft glauben,
glotzen wir nicht mehr TV,
gehen wir im Wald spazieren,
wird uns Schönes nur passieren,
zeigt sich uns das Himmelblau.

Wenn wir dann noch meditieren,
werden wir die Ängste los,
wenn wir an die Leere denken,
wird sich unser Blutdruck senken,
wächst die Freiheit und wird groß.

Die Lösung

Wir passen nicht zusammen,
das habt ihr wohl gemerkt,
denn ihr wollt nur das Eine,
das eure Macht verstärkt.

Ihr scheint nicht zu verstehen,
was diese Menschheit will,
denn wenn wir uns vereinen,
stehn alle Räder still.

Wir brauchen keine Herrschaft,
die uns für dumm verkauft,
vereint euch mit der Presse,
die sich die Haare rauft.

Will euch das nicht gefallen,
dann packt die Koffer ein,
sucht euch doch ein paar dumme
Sponsoren von allein.

Wertvoll

Achtlos weggeworfen liegen sie da,
die toten Kinder unsrer Tannen.
Sie haben ihren Dienst getan
als Clown der Weihnachtszeit.

Man stelle sich vor, es gäbe jemanden,
der unsere Kinder stiehlt,
missbraucht als bunte Vogelscheuchen
für ein Ritual, um sie dann fortzuwerfen.

Seid achtsam mit dem Leben,
mit dem eigenen und fremden,
es ist zu wertvoll,
um es einfach zu vernichten.

Weltenwende

Lachen oder weinen wir,
denken wir an morgen?
Leben ist so grabesschwer,
sind wir erst gestorben.

Wollt ihr ewig Sklave sein,
mögt ihr all die Schmerzen?
Oder tragt ihr immerfort
Freiheit in den Herzen?

Leben heißt, nicht hörig sein,
sich nicht zu beschränken,
werft ihr eure Ängste fort,
könnt ihr selber lenken.

Kommt, wir wenden unsre Welt!
Lasst das Alte gehen!
Denn die große Sehnsucht ist,
neues zu besehen.

Nur Liebe macht es wunderbar

Der Mensch wird mit Gefühl geboren,
dazu erhielt er auch Instinkt,
geschenkt wird ihm die Elternliebe,
so dass das Leben ihm gelingt.

Dann folgt die Zeit der Demagogen,
der Staat gibt seine Richtung vor,
gelernt wird das, was er als Sklave
benötigt, denn er ist ein Tor.

Nun geht er nur in eine Richtung,
marschiert der Mehrheit hinterher,
gelenkt von Medien, die ihn leiten,
so völlig ohne Gegenwehr.

Er glaubt, das Glück in Trance zu finden,
und steigert ständig den Besitz,
sein liebstes Hobby ist zu kaufen,
ein Schnäppchen ist sein Geistesblitz.

Doch irgendwann kommt ein Ereignis,
das weckt den Käufersklaven auf,
da merkt er plötzlich, das was wichtig,
bekommt er nicht beim Ausverkauf.

Gar alles, was ihm eingeredet
- das wird ihm augenblicklich klar -
lenkt ihn nur ab vom wahren Leben,
nur Liebe macht es wunderbar.

Herr, lass Hirn regnen!

Man glaubt an eine böse Krankheit,
die der Gesunde überträgt,
ein jeder Mensch wird nun getestet,
bis dieser Test den Alltag prägt.

Dazu muss jeder Filter tragen,
ein Mindestabstand wird zur Pflicht,
Experten schreiben die Gesetze,
es gilt ab jetzt nur eine Sicht.

Ein kleiner Pieks sollt alles ändern,
der Pharma-Mafia, Gott sein Dank,
jedoch grassiert die böse Krankheit
symptomlos sind fast alle krank.

Die Angst grassiert in diesem Lande,
geschürt, nun denkt doch einmal nach,
von allen, die daran verdienen,
von wem kommt all das Ungemach?

Kindesmisshandlung

Kinder müssen Maske tragen,
das ist ihre Schülerpflicht,
längst ist aber nachgewiesen,
dass so viel dagegen spricht.

Viele unsrer Kinder leiden
unter großer Müdigkeit,
auch die Sauerstoffversorgung
ist verringert mit der Zeit.

Dazu quält man gern die Kinder
auch mit einem Nasentest,
wenn sie weinen, sagt man: Lache!
denn so feiert man ein Fest.

Abstand halten, Vorsicht walten,
Angst ist überall dabei,
Kinder werden so misshandelt,
stumm ertönt der Hilfeschrei.

Freidenker

Frei denken darf man, das ist klar,
man darf nur nicht frei sagen,
wer eine andre Meinung hat,
dem geht es an den Kragen.

Man haut mich nicht, man ist so frei,
mein Sagen zu verbannen,
wenn ich hier nicht willkommen bin,
dann gehe ich von dannen.

Ich bettle nicht, ich bin so frei
und sage, was ich denke,
ein Urteil fällt allein der Mensch,
ob Strang oder Geschenke.

Erstaunlich

Die Menschen haben große Angst
vor denen, die ihr Selbst gefunden,
wie göttlich ihre Seele ist
in all den Tagen, all den Stunden.

Wer erst den Gott in sich erkannt,
beginnt im Herzen hell zu strahlen,
und er begreift das große Glück,
will nun sein Leben untermalen.

Er wird nie mehr ein Sklave sein
und pfeift auf alte Traditionen,
nie sperrt man seine Seele ein,
er denkt in neuen Dimensionen.

Der Masse ist ein solcher fremd,
sie lässt sich liebend gerne lenken,
sich selbst zu finden, braucht viel Kraft,
den Willen, stetig selbst zu denken.

Die Veränderung der Welt

Wir werden unsre Welt verändern
und fange bei uns selber an,
wir hören unsre Herzensworte
und folge ihrem Ruf sodann.

Wir leben unsre Menschenwürde
mit großen Leidenschaften aus,
wir tragen Banner unsrer Freiheit
von nun ab in die Welt hinaus.

Wir werden unsre Liebe stärken,
die Liebe schenkt dem Menschen Mut,
ein Liebender wird nie zum Sklaven,
nur Liebe tut dem Menschen gut.

Wir werden unsre Seelen einen,
die Einigkeit verleiht uns Kraft,
so wird die Wahrheit neu geboren,
entlassen aus Gefangenschaft.

Wir tanzen wild durch bunte Welten
zu einem neuem Liebeslied,
wir leben achtsam auf der Erde,
damit der Mutter nichts geschieht.

Wir sind das Samenkorn der Zukunft
und pflanzen unsre Liebe ein,
wir können unsre Welt verändern,
kommt, lasst uns alle liebend sein.

Weltenanfang

Es ist ein Jauchzen in der Welt,
die Liebe nimmt nun freien Lauf,
die Lust macht, was ihr gut gefällt,
mit Leichtigkeit im Ausverkauf.

Kommt, werft die alten Lasten ab!
Das Leben singt ein Liebeslied,
die Herzen schlagen froh klipp-klapp,
weil Freiheit in die Zellen zieht.

Was bisher war, ist nun vorbei!
Kein Sklave mehr und auch kein Herr.
Lasst tönen nun den Jubelschrei!
Am Ende ist der Luzifer.

Ab heute wird nur noch geküsst,
der Mensch lebt seine Einigkeit.
Weil heut der Weltenanfang ist,
ist er zur neuen Tat bereit.

Ein Käfig voller Narren

Ein Käfig voller Narren
muss diese Welt wohl sein,
sie wählte die Regierung,
die sperrt sie darauf ein.

Man nimmt die Haft mit Freude,
zudem gelassen hin,
die Wissenschaft begründet
auch einen tiefen Sinn.

Die Narren schauen traurig,
die Freude ist nun fort,
sie können nicht mehr lachen,
vergessen ist das Wort.

Da lässt nun die Regierung
die Narren aus dem Stall,
der Käfig ist nun größer,
da spielt man mit dem Ball.

Man lacht und jauchzt und freut sich,
wie ist das Leben schön,
und niemand von den Narren
will Gitterstäbe sehn.

Ein Käfig voller Blinden
muss diese Welt wohl sein.
Man muss erst draußen stehen,
da fällt mir nichts mehr ein.

Inhaltsverzeichnis

183

Weitere lieferbare Titel von
Roland Pöllnitz

Roland Pöllnitz

Sie lügen uns an!
(Gedichte)

Cherusker Verlag Langwedel 2017
152 Seiten, broschiert 16,04 €
ISBN 978-1-3266-0566-7

Roland Pöllnitz

Traumreisen Reiseträume
(Gedichte)

Books on Demand 2022
238 Seiten, broschiert 14,99 €
ISBN 9783755748380

Roland Pöllnitz

Gedichte aus dem Zauberwald
(Gedichte)

Books on Demand 2020
238 Seiten, broschiert 14,99 €
ISBN 9783754310860

Roland Pöllnitz

100 pandemische Liebesgedichte
(Gedichte)

Books on Demand 2020
122 Seiten, broschiert 9,99 €
ISBN 9783752661934

Roland Pöllnitz

Nepal – im Land meines Bruders
(Reiseerzählung)

Books on Demand 2020
204 Seiten, broschiert 14,99 €
ISBN 9783751977319

Roland Pöllnitz

Die Zeit kennt nur die Ewigkeit
(Gedichte)

Books on Demand 2020
162 Seiten, broschiert 14,99 €
ISBN 9783752894370

Roland Pöllnitz

Liebe ohne Ende – Band 4
(Das längste Liebesgedicht der Welt)

Cherusker Verlag Langwedel 2017
350 Seiten, broschiert 20,87 €
ISBN 978-0-2440-2396-6

Roland Pöllnitz

Ein Schneeglöckchen zum Valentin
(Gedichte)

Cherusker Verlag Langwedel 2019
182 Seiten, broschiert 17,50 €
ISBN 978-0-2442-1198-1

Roland Pöllnitz

Das süße Gift der Begierde
(Gedichte)

Cherusker Verlag Langwedel 2018
182 Seiten, broschiert 15,00 €
ISBN 978-0-2441-1747-4

Roland Pöllnitz

Das Geheimnis des Glücks
(Gedichte)

Cherusker Verlag Langwedel 2018
312 Seiten, broschiert 17,12 €
ISBN 978-0-2449-9932-2

Roland Pöllnitz

Buch der Liebe
(Gedichte)

Cherusker Verlag Langwedel 2017
254 Seiten, broschiert 17,12 €
ISBN 978-0-2446-3554-1

Roland Pöllnitz

Liebe ohne Ende – Band 3
(Das längste Liebesgedicht der
Welt)

Cherusker Verlag Langwedel 2017
350 Seiten, broschiert 20,87 €
ISBN 978-0-2440-2396-6

Roland Pöllnitz

In Rausch des Daseins
(Gedichte)

Cherusker Verlag Langwedel 2015
230 Seiten, broschiert 10,65 €
ISBN 978-1-3264-0352-2

Roland Pöllnitz

Liebe ohne Ende – Band 2
(Das längste Liebesgedicht der Welt)

Cherusker Verlag Langwedel 2014
350 Seiten, broschiert 19,50 €
ISBN 978-0-2448-6413-2

Roland Pöllnitz

in Liebe aus Langwedel
(Gedichte)

Cherusker Verlag Langwedel 2013
276 Seiten, broschiert 19,80 €
ISBN 978-1-2915-3408-5

Rajymbek

Das gebrochene Herz

Cherusker Verlag Langwedel 2013
192 Seiten, broschiert 17,12 €
ISBN 978-1-2912-5279-8

Roland Pöllnitz

Liebe ohne Ende – Band 1
(Das längste Liebesgedicht der Welt)

Cherusker Verlag Langwedel 2012
342 Seiten, broschiert 19,00 €
ISBN 978-0-2442-6413-0

Rajymbek

Das Weserlamm (Gedichte)

Cherusker Verlag Langwedel 2011
248 Seiten, broschiert 19,22 €
ISBN 978-1-4709-1991-7